2022년 1월 27일 초판 1쇄
2022년 2월 14일   2쇄
2022년 3월 7일 개정 1쇄

글 김근식
펴낸곳 책밭
펴낸이 전미정
디자인 윤종욱 정진영
교정·교열 최효준
출판등록 2004년 3월 18일, 제2-4350호
주소 서울 중구 퇴계로 243 평광빌딩 10층
전화 02-2275-5326
팩스 02-2275-5327
이메일 go5326@naver.com
홈페이지 www.npplus.co.kr
ISBN 979-11-85720-44-9 03340

정가 14,500원
ⓒ 김근식, 2022

이 책은 저작권법에 따라 보호받는 저작물이므로 무단 전재와 무단 복제를 금지하며,
이 책 내용의 전부 또는 일부를 이용하려면 반드시 저작권자와 책밭의 동의를 받아야 합니다.

김근식의
대북정책 바로잡기

개정판 서문

초판은 급하게 펴냈다. 2021년 여름방학 기간에 이미 내용은 정리해 놓았지만 대선 경선이 본격화되고 정치활동이 바빠지면서 마무리를 짓지 못했다. 다행인지 불행인지 국민의힘 선대위가 재편되면서 여의도에 출근을 매일 하지 않아도 되었고 앉은 김에 쉬어간다고 대선 이전에 책을 마무리하고 싶었다. 정치적 상황을 고려할 때 가능한 한 공식 선거운동이 시작되기 전에 책을 출간하고 싶었다. 그래서 초판을 서둘러 내게 되었다.

다행히 출판 기념 북 콘서트가 무사히 잘 끝났고 긍정과 부정의 관심 속에 책이 팔려나갔고 2쇄가 절판될 무렵에는 욕심이 생겼다. 급하게 서둘러 낸 초판인지라 판형이나 편집이나 분량이 나에게 충분히 마음에 들지 않았고 특히 분량이 적다는 아쉬움이 가장 컸다. 그래서 분량을 늘린다는 필요에 따라 또 급하게 개정판을 내게 되었다.

  초판과 대동소이하면서도 본문 내용의 큰 틀을 흔들지 않으면서 분량을 늘리고자 하였다. 주로는 평화적 흡수통일 부분에서 독일 사례와 예멘 사례의 내용을 추가했고 비핵화 사례의 내용을 약간 추가했다. 가장 개정판다운 변화는 "올바른 대북인식: 친북과 반북을 넘어" 부분이 새롭게 추가된 것이다. 햇볕정책의 실효성에 문제제기를 하지만 그렇다고 극단적 반북정책을 주장하는 게 아닌 것처럼, 동일한 맥락에서 우리 사회의 대북인식의 양 극단을 생산적으로 비판해보고자 했다. 과거 냉전시대의 맹목적 반북과 지금도 횡행하는 극단적 친북 인식의 문제점을 지적하고 합리적인 대북인식의 방향을 고민해보고자 했다.

  개정판 서문을 쓰는 이 와중에 러시아의 우크라이나 침공

소식으로 외신 뉴스가 떠들썩하다. 강대국의 힘의 논리가 국제규범이나 대의명분보다 분명 우선한다는 현실과 자국의 방어를 스스로 책임지지 못하면 언제든지 냉혹한 국제사회의 먹잇감이 되고 마는 현실이 그저 남의 나라 이야기만은 아닐 것이다. 특히나 소련 해체 이후 우크라이나가 갑자기 보유하게 된 핵무기를 포기했던 과거의 선택이 지금 러시아의 노골적 침략위협 앞에서 어떻게 평가될 수 있는지 매우 의미심장하기도 하다.

북한은 2022년에도 극초음속 미사일을 비롯해 다종다양한 미사일을 시험 발사하고 검수확인을 통해 이미 실전배치에 들어갔다. 북에 의한 군사적 위협은 이미 상존하는 안보환경이 되고 있지만 아직도 문재인 정부는 북의 미사일 도발에 대해 '규탄'이라는 단어조차 내뱉지 못하고 있다. 여전히 종전선언과 평화체제의 꿈속에 북한의 선의만을 기대하고 있다.

『김근식의 대북정책 바로잡기』는 햇볕론자의 솔직한 자기성찰이다. 변절이라고 비난받고 위장이라고 의심받는 그 한복판에서 올바른 분석과 객관적 판단과 합리적 제언을 포기하지 않아야 하는 지식인의 소명에 충실하고자 한다. 변화된 한반도 현실에 대한 개관적 인식을 바탕으로 실현가능하면서 동시에 바람직한 대북정책과 통일정책 그리고 북핵정책을 진영과 편견의 굴레에 빠지지 않고 오직 현실에 토대해서만 고민하고 제시하고자 한다. 평가와 비판은 오로지 독자의 몫이다.

2022년 3월

초판 서문

햇볕론자의 변절인가?
성찰인가?

21대 총선을 앞두고 미래통합당 후보로 공천을 받아 서울 송파병에 선거사무실을 내고 선거운동을 시작했다. 이른바 낙하산으로 공천된 후보에게 기존 당조직은 검증을 시작했다. 특히 태극기 부대의 이념적 검증이 거셌다. 과거 나의 이력과 주장을 빌미로 위장전향자라는 비난이 뒤따랐다. 코앞에 닥친 선거를 제대로 시작도 하기 전에 나는 보수정당의 강성 지지층에게 햇볕론자가 아님을 해명해야 하는 처지에 놓였다.

김대중 노무현 정부 당시 햇볕정책의 전도사로 평가되고 각종 TV토론에서 대북 포용정책의 정당성과 일관성을 끈질기게 주장했던 나의 대북정책이 선거를 앞두고 갑자기 변절한 것은 아니었다. 이미 박근혜 정부를 지나면서 남북관계 전반에 대한 깊은 고민과 북핵문제의 현실에 대한 깊은 성찰을 통해 기존의 햇볕 일변도 정책에 회의를 갖고 변화된 현실에 맞는 새로운 대북정책을 고민하고 이념과 진영에 사로잡힌 대북정책이 아니라 현실에 기반하고 실현가능한 올바른 대북정책을 조금씩 정리하기 시작했다. 북핵문제 해법도 새롭게 제시하고 북한의 대남 전략 변화도 분석해서 우리 대북정책의 재검토를 고민하고 정리되는 대로 학술논문으로 발표했다. 근본적으로 변화된 현실을 외면한 채 20년 전의 형해화된 햇볕정책에 갇혀 있는 것은 지식인으로서 직무유기였다.

마침 2019년 조국사태 이후 진보진영의 위선과 이중성의 민낯이 낱낱이 드러났고 잘못을 잘못이라 비판하는 지식인의 소명의식에 따라 정치적 주장을 분명히 했던 나로서는 바른미래당을 떠나 문재인 정권 심판을 위해 미래통합당 창당에 참여했고 21대 총선에 미래통합당 후보로 출마했다. 결과는 낙선이었지만 진보진영의 무능과 위선과 오만을 바로잡기 위한 나의 정치적 노력은 계속되었고, 여전히 진보의 이념적 동굴에 갇혀 있는 구태 진보에서는 나를 변절자로 비난했다.

햇볕론자 김근식이 정치적 이익을 좇아 변절한 것인지, 현실을 직시하고 올바른 해법을 찾아 시대적 변화에 따른 정책적 전환을 이룬 것인지 그 평가는 온전히 독자들의 몫이다.

권력을 좇아 소신을 바꾸는 훼절(毁節)한 지식인이라면 폴리페서로 비난받아 마땅하지만, 나는 모략과 중상과 비난을 받더라도 변화된 현실에 따른 실현가능한 해법을 제시하는 참 지식인의 소명의식에 충실하고 싶다. 이미 실효성이 다한 구닥다리 진영논리에 갇혀 실현가능성이 전혀 없는 고장난 레코드판만 돌리고 있는 고집불통의 햇볕론자들에게 이제는 진영의 고집에서 벗어나 대한민국의 현실을 직시하는 올바른 대북정책을 제시하고 싶다.

  위장전향이라고 의심하는 태극기 부대의 대북강경론과 기회주의자의 변절이라고 비난하는 친북좌파의 북한바라기 너머 중간 어딘가에 바람직하고 실현가능한, 그리고 진보 보수를 넘어 국민 대다수가 동의할 만한 대북정책의 좌표가 있을 것이라고 믿는다. 이 책이 그 논의의 시작이 되었으면 한다.

2022년 1월

목차

개정판 서문   004
초판 서문 | 햇볕론자의 변절인가? 성찰인가?   008

1. 새로운 대북정책: 왜 필요한가?

문재인 정부 대북정책의 실패   019

2. 변화된 현실, 근본적 변화

핵개발국이 아닌 핵보유국 북한   026

김정일과 다른 김정은의 국가전략   029
① 미국에 매달리지 않는 김정은: '선택적 병행' 전략   030
② 한국에 의존하지 않는 김정은: '두 개의 조선(Two Koreas)' 전략   034
③ 핵포기를 포기한 김정은   038

3 대북정책의 패러다임 전환

대북포용의 한계를 넘어: 일방적 포용에서 구조적 개입으로 045
① 개입정책으로서 햇볕정책 045
② 포용정책의 한계: 분단의 상대방에 대한 개입의 어려움 048
③ 일방적 포용에서 구조적 개입으로: 북한 변화를 위하여 050
④ 보수와 진보의 발전적 진화 052

평화경제론과 기능주의의 한계: 이상과 현실 055
① 평화경제론의 한계: 개성공단의 운명 055
② 기능주의 이론과 대북 포용정책 057
③ 한국적 기능주의의 구조적 한계 060
④ 기능주의의 성공을 위하여: 교류협력과 흡수통일의 결합 061

평화공존을 넘어 평화적 흡수통일로 066
① 흡수가 통일의 본질 066
② 통일과정의 원칙으로서 역동성과 진보성 070
③ 독일통일의 사례: 평화적 흡수통일의 역동성 072
④ 예멘통일의 사례: 합의형 대등통합의 취약성 081

⑤ 독일과 예멘의 차이: 화해협력기간과 민주화의 필요성 089
⑥ 한반도식 평화적 흡수통일의 필요조건들 095

남북관계 중년부부론 101
① 대북강경도 대북포용도 남북관계 진전시키지 못했다 101
② 탈냉전 이후 남북관계: 잘 안 되는 게 오히려 정상 106
③ 남북관계의 구조적 딜레마: 힘으로 정의되는 남북관계 110
④ 분단체제와 정전체제라는 구조적 길항성 116
⑤ 북핵문제 악화와 상호 적대의식 강화 119
⑥ 염북(厭北), 혐북(嫌北) 의식 확대와 대남 被모욕감 증대 122
⑦ 신혼과 이혼의 남북관계를 넘어 125
⑧ 남북관계의 현실적 접근: 중년부부론과 국가성의 인정 132

평화체제론에서 민주평화론으로:
'한반도 평화' 프로세스의 비현실성 139
① 정전체제의 평화체제로의 전환: 이상과 현실 139
② 실패로 판명난 문재인 정부의 '한반도 평화' 프로세스 141
③ 평화체제라는 필요조건: 현실성과 가능성? 145
④ 북한 내부의 정치적 변화라는 충분조건: 민주평화론 150
⑤ 평화체제론을 넘어 민주평화론으로 155

올바른 북한인식: 친북과 반북을 넘어　　　　　　　　　158
① 극단적 북한인식의 현주소　　　　　　　　　　　　158
② 북한의 현실과 입장에 대한 인식　　　　　　　　　160
③ 반북주의와 친북주의의 오류　　　　　　　　　　　163
④ 친북과 반북을 넘어: 지북(知北)과 애북(愛北)의 관점　168

4　북핵해법의 새로운 모색

북핵해법에 관한 불편한 진실　　　　　　　　　　　　176

비핵화 사례: 성공 요인과 실패 요인　　　　　　　　　181
① 우크라이나 모델: 핵기술의 취약성　　　　　　　　181
② 리비아 모델: 제재의 효과　　　　　　　　　　　　184
③ 남아공 모델: 정권교체　　　　　　　　　　　　　　185
④ 파키스탄 모델: 상대국과의 오랜 적대관계　　　　187
⑤ 비핵화의 성공과 실패 요인들　　　　　　　　　　189

북한 비핵화에 주는 함의: 성공요인의 결여와 실패요인의 강화   194
북핵문제에서 북한문제로: 남아공 모델   202
북핵해법: '시간이 우리 편'이라는 발상의 전환   206

5 결론에 대신하여

모든 길은 '북한 변화'로 통한다   213
북한 변화는 가능한가?   218

1

새로운
대북정책:
왜 필요한가?

문재인 정부 대북정책의 실패

남북관계가 도무지 앞이 보이지 않는다. 누구 탓을 하기에도 이젠 지쳐 있다. 전가의 보도처럼 여겨졌던 남북정상회담을 문재인 정부에서 무려 3차례나 하고도 남북관계는 나아질 기미가 전혀 없다. 도깨비방망이로 여겨졌던 북미정상회담이 2차례나 개최되었지만 북핵문제는 악화일로이고, 북한의 강경 입장은 그대로다.

과거 이명박 박근혜 정부 시기 남북관계가 막혔을 때, 화해협력과 대화협상으로 전환한다면 남북관계와 북핵문제가 술술 풀릴 것이라고 자신했던 진보진영의 대북정책은 극적인 남북정상회담과 북미정상회담에도 불구하고 사실상 실패로 끝났고 파산의 운명에 놓여 있다. 문재인 정부의 과도할 정도의 대북 신뢰와 화해협력의 진정성에도 불구하고, 기적처럼 다가왔던 북미정상회담 개최에도 불구하고, 감격과 설렘의 절정이었던 9.19남북평양선언에도 불구하고 문재인 정부의 대북정책과 북핵정책은 철저히 실패하고 말았다.

대북 봉쇄와 제재 만능에 빠진 과거 보수정권의 대북정책을 비판하면서 햇볕정책과 화해협력의 일관성만 견지한다면 한반도 평화와 남북관계 개선이 가능하리라 믿었던 햇볕론자들과 진보진영조차 이젠 진지하게 기존의 관성에 빠진 대북정책의 실효성을 고민할 때가 되었다. 진보진영의 비단주머니를 다 풀고 김정은에게 한없는 아량과 선의를 보여주고 화해협력과 대화의지를 지속적으로 견지했음에도 남북관계는 최악이고 북핵문제는 제자리 상태라면 도대체 무엇이 잘못인지 처음으로 돌아가 진지한 반성과 성찰을 해야 할 때가 된 셈이다.

문재인 정권이 출범하자마자 김정은의 핵질주는 지속되었고 김정은과 트럼프의 일촉즉발의 전쟁위기에서도 문재인 대통령은 2017년 8.15경축사에서 전쟁반대와 평화지상주의의 확고한 입장을 견지했다. 2017년 말 화성-15형의 시험발사 성공으로 '국가 핵무력의 완성'을 선언하고 나서야 김정은은 2018년 평창 동계올림픽을 통해 거만한 협상의 자세로 나오기 시작했다. 김여정이 대남특사로 서울에 왔고 문재인 대통령은 대북특사와 대미특사를 보내 남북미 간 정상회담을 추진했다. 감동적인 판문점 남북정상회담과 싱가포르 북미정상회담이 개최되었고 국민들은 흥분의 도가니에 빠졌다. 트럼프와 김정은의 세기적 만남은 흡사 1972년 닉슨과 모택동의 역사적 회담으로 평가되었고 드디어 한반도 문제의 대전환이 눈앞에 왔다고 감격했다. 2018년 9월 평양에서 이루어진 남북정상회담과 백두산 천지에서의 남북정상 포옹 사진은 남북관계의 확고한 진전을 믿게 하는 역사적 장면이었고 2019년 하노이 북미정상회담이 결렬되기 전까지도 남북관계 개선과 북핵문제 해결은 더이상 의심할 수 없는 확실한 성과로 여겨졌다.

그러나 지금 한반도의 현실은 극적으로 최악이다. 기대와 설렘으로 지켜봤던 남북정상회담과 북미정상회담의 감동은 한순간의 추억으로 사라졌고 김정은의 핵고집과 대남도발은 이제 감당할 수 없는 수준에 이르렀다. '삶은 소대가리' 운운하는 김정은의 대남 비난은 너무도 익숙할 정도가 되었고 남북정상회담 합의로 지어진 개성공단의 남북공동연락사무소를 북은 공개적으로 폭파했다. 그래도 북을 향한 구애를 멈추지 않던 문재인 정부에게 김정은은 해양수산부 공무원 소각살해라는 마지막 승부수를 던졌고 이제 남북관계는 화해협력이라는 단어 자체가 고색창연한 구석기 시대 단어로 느껴질 정도로 회복불능에 이르렀다. 아직도 문재인 대통령과 통일부장관과 구닥다리 진보인사들은 평화와 화해와 협력을 운운하지만 그들 스스로도 실현가능성 없는 공염불임을 내심 느끼고 있을 것이다.

2018년의 감동적 정상회담과 이후의 극적인 남북관계 퇴행을 보면서 이제는 화해협력의 진정성에만 의존하는 기존 햇볕정책의 실효성을 냉정하게 재검토할 때가 되었음을 인정해야 한다. 매번 대북강경이라며 보수정부의 대북정책 탓으로만 돌렸던 남북관계의 파행이 그 어느 정부보다 일관되고 진지하게, 심할 정도로 북과의 화해협력과 대화협상만을 우선시했던 문재인 정부에서도 더욱 돌이키기 힘들 정도로 고착되었으니 이젠 햇볕정책의 근본적 문제점부터 살펴보고 새로운 현실적 해법을 진지하게 고민할 때가 되었다.

2

변화된 현실,
근본적 변화

김대중 노무현 정부 당시만 해도 햇볕정책은 정책적 정당성과 실효성을 갖고 있었다. 내가 햇볕정책의 전도사로 대북 화해협력과 평화적 북핵해결을 자신만만하게 장담했던 이유이기도 하다. 그러나 지금 한반도의 현실은 그때와 본질적으로 다르다. 객관적 현실이 근본적으로 바뀌었다. 현실이 바뀌면 해법도 바뀌어야 한다. 현실이 바뀌었는데도 과거의 해법을 고집한다면 정책의 실패는 당연할 수밖에 없다.

대북 화해협력 정책의 한계를 극명하게 입증시켜준 문재인 정부의 실패는 현재 한반도의 변화된 객관적 현실을 제대로 인식하지 못한 데서 이미 예고되었다. 김대중 노무현 당시의 햇볕정책의 정당성과 올바름에만 집착한 채 그동안 변화된 한반도 정세와 북핵문제의 현실에는 눈을 감고 도외시한 것이 가장 큰 실패의 이유다. 변화된 현실에는 새로운 해법이 필요하다.

핵개발국이 아닌 핵보유국 북한

문재인 정부의 과거회귀적 햇볕정책이 실패할 수밖에 없는 첫 번째 변화된 현실은 북한의 핵보유다. 김대중 정부 시기에는 핵실험 자체가 없었고 노무현 정부도 임기말 2006년에 북한의 1차 핵실험이 있었다. 당시 햇볕정책의 정당성과 북핵문제의 평화적 해결의 믿음은 북한이 핵을 개발하려 한다는 진행형이었고 따라서 한반도 평화체제와 남북 화해협력의 진전을 통해 김정일로 하여금 핵무기를 개발할 필요성을 해소해줄 수 있다는 믿음이었다. 영변에서 핵물질을 재처리하는 정도로 핵개발의 의지를 보였던 김정일에게 그가 원하는 북미관계 정상화와 남북 간 평화공존의 구조적 환경을 만들어주면 김정일 스스로 핵을 포기하고 개혁개방으로 나갈 수 있으리라는 믿음이었다. 다방면의 관계 확대를 통해 상대방의 정치적 태도를 변화시킨다는, 국제정치학에서 이른바 개입(관여)정책의 정당성이 당시만 해도 한반도에 충분히 적용 가능했던 상황이었다. 햇볕정책의 정책적 실효성을 시험해볼 수 있는 당시였다.

그러나 누구 탓을 할 필요도 없이 북미관계 개선과 화해협력의 남북관계는 자리 잡지 못했고 결과적으로 북한의 핵 질주는 지속됐다. 과거의 햇볕정책을 복구하려는 문재인 정부가 출범했을 때는 이미 북한은 '핵개발' 국가가 아닌 '핵보유' 국가가 되어 있었다. 이미 북한은 국제사회에서 핵국가로 분류되고 인식되고 있다. 핵 비확산(NPT) 체제의 유지를 위해 공식적인 핵보유 국가로 인정하지 못할 뿐, 북한이 핵무장 국가임을 부인하는 나라는 이제 없다.

햇볕정책을 통해 핵개발의 필요성을 해소할 수 있다는 믿음이 이제 핵보유국이 되어버린 김정은의 북한에게는 현실에서 통할 리 만무했다. 수십 개의 핵폭탄과 대륙간탄도미사일이라는 확실한 투발수단과 실제 핵미사일 실전배치를 담당하는 '전략군' 부대를 운용하는 사실상의 핵무장 국가로서 북한은 이제 스스로 핵무기를 포기할 수 없는, 돌아오지 않는 다리를 건넌 상태였다.

문재인 정부의 야심찬 햇볕정책이 실패할 수밖에 없었던 가장 큰 현실의 변화는 바로 김정은의 북한이 김정일의 북한과 달리 핵개발 중인 정권이 아니라 이미 핵무기를 보유한 핵국가라는 점이었다. 역사적으로 스스로 핵무장을 한 나라가 독재정권의 속성을 유지한 상태에서 객관적 정세의 변화 없이 스스로 핵을 포기한 사례는 없었다. 이미 핵보유 국가가 되어버린 3대 세습의 독재정권 김정은 체제는 문재인 정부의 대북 선의에도 불구하고 과거의 화해협력정책으로는 핵포기와 남북관계 진전이 불가능한 객관적 현실로 바뀌어 있었던 것이다.

김정일과 다른 김정은의 국가전략

화해협력의 선의와 평화적 해결의 진정성이 먹힐 수 없는 객관적인 현실의 변화는 핵보유국 북한이라는 현실과 함께 김정은의 근본적 전략변화와도 맞물려 있다.

이미 북한은 과거의 김정일 정권과는 본질적으로 다른 국가전략으로 바뀌었다. 탈냉전기 김정일의 대외전략이 대미 안보의존과 대남 경제의존이었다면 김정은 시대는 안보를 미국에 전적으로 의존하지 않고 경제 역시 한국에 온전히 의존하지 않게 되었다. 대외전략 자체가 근본적으로 변화한 것이다. 김정일의 핵전략이 핵개발을 명분으로 미국으로부터 안전보장과 관계개선을 얻고자 하는 것이었다면 김정은의 핵전략은 핵보유국을 인정받은 상태에서 북미관계 개선을 요구하는 '파키스탄 모델'로 바뀌었다.

김정일을 상대로 한 해법이 햇볕정책이라면 근본적으로 달라진 김정은 체제를 상대할 때는 해법과 접근방법이 바뀌어야 한다. 북한의 국가전략이 근본적으로 변화되었음에도 불구하고 과거의 북한에 집착한 채 과거에 시도되었던 대북정책만을 고집하는 것 자체로 문재인 정부의 실패는 충분히 예정되었다.

① 미국에 매달리지 않는 김정은: '선택적 병행' 전략

한 나라의 대외전략은 안전 보장(security)과 경제적 번영(prosperity)으로 요약된다. 김정일 시대 북한의 대외전략은 대미 안보 의존과 대남 경제 의존을 핵심으로 하고 있었다. 1990년대 사회주의 진영이 붕괴하면서 북한은 탈냉전의 객관적 정세변화에 맞춰 안보라는 국가이익은 미국으로부터, 번영이라는 국가이익은 한국으로부터 얻고자 했고 김정일 시대의 북미관계와 남북관계는 그 같은 북한의 대외전략이 추진되고 작동되는 전개과정이었다.

그러나 김정일의 대외전략은 사실상 성공하지 못했다. 김대중 노무현 정부와 합의한 정상회담 내용은 이명박 정부에서 폐기되었고 클린턴 대통령과 진전시킨 대미관계도 부시 행정부에서 원상복구되는 식이었다. 주기적인 선거에 의해 정부가 교체되는 미국과 한국으로부터 북한이 안전보장과 경제지원을 안정적으로 확보하기는 구조적으로 어려웠다.

대미·대남관계의 피로감과 불안정성에 더하여 G2 시대 중국의 부상이라는 변화된 국제정세를 토대로 북한은 기존의 대미 안보의존과 대남 경제의존을 벗어나 중국이 오히려 안보와 경제지원의 상당부분을 책임질 수 있다는 현실적 고려를 하게 되었고 2010년 이후 북중관계의 전략적 격상과 북중협력의 심화는 그런 맥락에서 진행되었다.

2009년 북한의 2차 핵실험 이후 중국 공산당 외사영도소조의 논란 속 결론은 북한을 버리지 않고 함께한다는 것이었고 원자바오 총리의 방북과 김정일의 사망 직전 잇따른 중국 방문으로 북중관계는 보다 확고한 유대관계로 격상되었다. 안보와 경제에서 중국의 지원이 필수적임을 극적으로 확인할 수 있는 계기는 바로 천안함 도발 이후 중국의 북한 편들기와 대북 경제지원 확대였다. 김정일은 김정은에게 미국과 한국에만 의존하지 말고 중국을 충분히 활용할 수 있도록 기반을 닦아 놓고 눈을 감게 되었다.

김정은 시대 북한의 대외전략은 이른바 '선택적 병행' 전략이라고 할 수 있다. 중국의 부상이라는 변화된 객관적 환경하에서 북한은 대외전략의 중심추를 미국과 한국에만 두지 않고 중국에게도 안보와 경제를 상당부분 의지할 수 있음을 인식하게 되었다. 북한의 안전보장을 미국이 담보해주는 것은 여전히 필요하지만 굳이 이를 위해 북한이 전적으로 매달리지 않겠다는 것이다.

국가 핵무력의 완성 이후 김정은은 북미정상회담을 통해 대미협상의 문을 열었지만 자신의 주장을 관철하기 위한 기싸움의 과정에서 여의치 않을 경우 다시 중국을 끌어들여 미국으로부터의 안보위협을 상쇄한다는 전략이다. 경제 역시 경제적 지원과 협력을 한국에게만 전적으로 의존하지 않고 필요하다면 중국의 경제력을 최대한 활용하겠다는 전략이다. 북이 원하는 방향으로 남북관계가 재개될 경우는 한국으로부터 경협을 통해 이익을 취하지만 다시 경색될 경우에도 북중관계를 통해 경제적 이익을 대체할 수 있다는 병행전략인 셈이다. 안보는 미국과 중국 사이에서, 경제는 한국과 중국 사이에서 병행하다가 상황과 조건에 따라 선택적으로 활용하는 이른바 '선택적 병행' 전략이라고 명명할 수 있을 것이다.

굳이 미국에게 안보를, 굳이 한국에게 경제를 의존하지 않아도 된다는 북한의 전략적 판단은 김정은 체제 이후 핵무력의 완성을 거쳐 지금까지 대미·대남 전략에서 지속적인 공세 입장을 견지하게 하는 토대가 되었다. 당당하게 대미 협상을 요구하면서 동시에 북한은 핵능력을 증대시키고 미사일 기술을 고도화했다. 대미 협상 요구와 대미 핵보유 확대를 동시에 추구하는 전략인 것이다.

2018년 싱가포르 북미정상회담의 성과를 인정하면서도 하노이 정상회담의 결렬 이후에는 여전히 대미 강경 입장을 고수하고 북중 연대를 강화하면서 대북제재와 코로나라는 겹악재 속에서도 '정면돌파'를 선언하고 있다. 미국과의 협상에 전적으로 매달리지 않는 북한이다. 북한은 항상 미국과의 협상을 원하고 있기 때문에 미국이 대북협상을 결심하기만 하면 북한이 회담장에 나오고 북핵문제 해결과 북미관계 개선이 가능할 것이라는 나이브한 인식은 이제 김정은의 북한에 통하지 않게 된 셈이다.

선택적 병행전략으로 전환한 김정은의 대외전략은 자신이 원하는 대미협상이 아니라면, 사실상의 핵보유를 인정받은 상태에서 북미관계 개선을 위한 대북 적대시정책의 철회를 수용하지 않는 조건이라면 결코 미국에게 협상을 구걸하지 않겠다는 확고한 자신감의 표시이다. 남북관계 역시 북한이 원하는 대미협상에 기여하는 정도의 효용성이 아니라면 남북관계 자체에 대한 관심도 필요성도 존재하지 않게 되었다. 경제협력과 대북지원의 당근을 아무리 제시하고 코로나 방역협력과 백신공급이라는 카드를 아무리 외쳐본들 김정은이 남북관계에 시큰둥한 이유를 이제 냉정한 현실로 인정해야 한다.

그저 미국이 협상을 하겠다는 의지만 보이면, 그저 한국정부가 화해협력의 선의만 가지면 김정은이 감읍하고 회담장에 나올 것이라고 믿는 것은 이제 착각이다. 김정은은 언제나 북미협상을 원하고 남북협력을 필요로 하기 때문에 우리의 협상의지만 있으면 김정은이 회담장에 나올 것이라는 자의적 낙관론은 이제 번번이 좌초될 수밖에 없다. 문재인 정권의 협상 만능론이 번번이 실패하는 이유이다.

② 한국에 의존하지 않는 김정은: '두 개의 조선(Two Koreas)' 전략

'선택적 병행' 전략이라는 대외전략의 연장선에서 김정은의 북한은 새로운 대남 전략을 완성하였다. 한국과 중국 사이에서 경제적 지원과 협력의 이익을 선택적으로 취하겠다는 계산하에 북한은 이제 민족적 관점보다는 국가주의적 입장에서 남북이 서로 이웃나라로 분리공존하자는 이른바 '두 개의 조선(Two Koreas)' 전략으로 선회하였다. 김정일 시대 고난의 행군과 체제 위기를 일단 넘겼다는 자신감과 함께 핵보유와 수령독재의 안정성을 확보하고 제 갈 길을 알아서 가겠다는 마이웨이 전략이다.

핵보유로 안보를 챙기고 공포정치로 엘리트를 장악하고 시장 확대로 경제를 일정하게 회복함으로써 나름대로 체제 유지의 자신감을 갖게 되었다는 판단이다. 남북이 서로 다른 나라라는 인식을 강조함으로써 민족이 아닌 상호 국가성의 강화를 시도하는 것이다. 낭만적 민족담론에 기초한 남북화해와 경제협력이 능사가 아니게 된 것이다.

민족주의와 통일전선에 기초한 대남 전략 역시 근본적 변화를 이루었다. 남조선 혁명론과 대남 통일전선전술은 이제 북에서 공식 폐기되었다. 민족이리는 이유로 화해협력의 남북관계를 모색해야 할 이유도 사라졌다. 민족주의를 내세운 통일지향의 남북관계가 김정은 시대에는 상당부분 약화되거나 아예 지워졌다. 낭만적 민족주의를 내세운 문재인 정부의 대북 화해협력의 기대가 돌아오지 않는 메아리가 되어 버린 이유이다.

북한 내부의 담론에서도 민족 개념은 사라지고 그 자리에 국가 담론이 자리 잡았다. 김정은 시대의 대표적 정치담론으로 '김정일 애국주의'가 주창되고 '우리민족 제일주의'는 자취를 감췄고 대신 '우리국가제일주의'가 강조되고 있다. 노동당의 핵심사상으로 '인민대중제일주의 정치'가 당규약에 명시되었다. 2000년 남북정상회담 이후 득세했던 '민족공조'와 '우리민족끼리' 담론은 사라진 지 이미 오래다. '국산품 애용운동'이 강조되고 '강성 국가', '사회주의 강국', '조국', '공민' 등 국가 담론이 자리를 잡았다. '김일성 민족'은 '김일성 조선'으로 이름이 바뀌었다. 2021년 8차 당대회에서 채택된 당규약에 남조선 혁명의 당위성이 사라지고 민족해방이라는 단어가 지워진 것도 사후적으로 이를 공식화한 것이다. 민족이라는 이름으로 통일의 당위성을 강조하는 것보다 이제는 남과 북이 이웃하는 두 나라로 각자 살아가자는 분리공존 전략인 셈이다.

  김정일 시대에 비해 통일전선부의 위상과 역할이 축소되었고 조평통은 과거 대규모 통일전선기구의 성격을 벗어나 대남 협상의 실무기구 성격으로 내각에 편입되었다. 대남 메시지와 대남 협상의 실권이 기존의 통전부와 조평통이 아니라 김여정 등 수령 직속의 개인이나 외무성과 국무위원회 소속 인사들이 주로 담당하는 것도 같은 맥락이다.

'두 개의 조선' 전략은 남북대결 상황에서 중국에 경제협력을 의존함으로써 굳이 한국에 매달리지 않게 되고 남북대화 재개 상황에서는 일정하게 화해협력을 수용하면서도 민족주의적 담론보다는 국가 대 국가로서 상호 협력가능한 영역과 사업에 집중하는 모습을 띠게 된다. 민족의 화해와 협력이라는 감성적 접근의 남북관계에는 큰 관심을 갖지 않게 되고 남쪽의 민족주의적인 대북지원과 교류협력 제안에도 시큰둥하게 되었다. 문재인 정부가 북미회담을 중개하고 미국의 양보를 이끌어내는 역할이 존재한다면 남북관계가 필요하지만 하노이 회담 결렬 이후처럼 문 정부의 역할이 사라질 경우 북한에게 독자적이고 고유한 의미의 남북관계 필요성은 이제 구조적으로 존재하지 않게 되었다.

문재인 대통령과 3차례 정상회담을 갖고 화려한 내용의 합의문을 발표했지만 북미 협상이 깨지고 한국정부가 더 이상 북미 가교 역할에 무용하다고 인식되는 순간 북한은 남북관계에 그 어떤 미련도 보이지 않았다. 핵무장 이후 자신의 전략하에 대미협상이 필요했고 문재인 정부가 대미협상에 기여하는 조건이라면 남북대화를 용인하는 것이었지만 대미협상이 결렬되고 북의 요구사항이 관철되지 않는 협상이라면 굳이 한국의 도움은 필요하지도 않은 것이었다. 하노이 북미정상회담이 결렬된 이후 김정은이 애꿎은 화풀이를 문재인 정부에 쏟아내고 대남도발과 남북관계 중단으로 선회한 것은 오히려 예정된 수순이었다. 김정은에게 남북관계는 그 자체로 필요성도 효용성도 찾기 힘든 부차적 변수가 되어 있는 셈이다.

'두 개의 조선' 전략은 결과적으로 북한에게 남북관계가 과거만큼의 중요성을 갖지 않게 되었음을 의미한다. 민족주의나 단일민족의 나이브한 감정으로, 화해협력과 동포사랑의 구호만으로 남북관계가 진전될 것이라는 믿음은 이제 북한에게 통하지 않게 되었다. 문재인 대통령이 선의와 진정성을 갖고 매번 3.1절 기념사와 광복절 기념사를 통해 대북 구애를 지속하지만 김정은이 대꾸도 하지 않는 이유를 냉정하게 인식해야 한다.

③ 핵포기를 포기한 김정은

이미 북한의 핵전략은 과거와 질적으로 달라졌다. 탈냉전 직후 김정일의 핵전략이 미국이라는 유일 초강대국을 상대로 체제생존을 얻기 위한 협상용 카드였다면 이제 미국과 중국 사이의 안보 줄타기가 가능해진 북한에게 핵무기는 생존과 자위용을 넘어 발전과 강성국가의 상징으로 확대되었다. 미국과 중국 사이에서 안보이익을 최대화하는 줄타기를 위해서라도 사실상 핵보유국 전략이 오히려 북한의 전략적 자산의 크기를 키울 수 있게 되었다. 중국과의 동맹을 배경으로 미국에게 협상을 구걸하지 않고 사실상 핵보유국으로 가겠다는 의지와 함께 다른 한편으로는 여차하면 친미국가가 되어 실질적 핵공격 능력이 중국을 겨냥할 수도 있음을 암묵적으로 과시할 수도 있다. 미중 사이의 갈등 상황에서 북한은 자신의 안보 확보를 위해 오히려 핵무기의 전략적 자산을 극대화하는 것이 합리적인 선택이 되었다. 어떤 경우에도 기왕에 확보한 핵무기를 스스로 포기할 하등의 이유기 없게 된 셈이다.

미국으로부터 안전보장을 담보 받으려 했지만 성공하지 못했던 북한은 이제 중국의 부상과 미중관계의 갈등양상을 배경으로 자신의 안전보장을 미국과 중국 사이에서 선택적으로 확보하려는 대외전략으로 수정했다. 이는 결국 핵보유를 통한 핵무력의 완성을 확보하고 나서야 본격적으로 북미협상을 개시하는 이른바 '선(先)핵보유, 후(後)핵협상' 전략으로 전환되었다. 2017년 핵무력의 완성 이후 2018년에 비로소 북미협상이 시작되었음이 이를 방증한다. 김대중 노무현 정부의 핵협상은 북한이 핵무기를 개발하는 과정에서의 협상이었다. 김정은은 일관된 핵질주를 통해 이미 핵무력을 완성하고 사실상의 핵보유국으로서 실전배치를 확보해낸 상태다. 따라서 핵보유 이후 핵협상은 과거 핵개발 시절의 나이브한 대북정책으로는 해결이 불가능하고 현실적으로 훨씬 더 복잡하고 어려워졌음을 의미한다.

고난의 행군으로 수십만이 아사(餓死)하는 지경에서도 핵질주를 통해 사실상의 핵보유 국가가 된 북한이 협상을 통해 핵포기를 할 가능성은 현실적으로 매우 낮다. 협상을 통한 평화적 해결이라는 최선의 경우에도 북이 포기 대가로 요구할 내용으로 거래하기에는 이제 부르는 값이 너무 감당하기 힘든 수준이다. 그렇다고 군사적 수단을 통한 강제 탈취의 방식도 한반도의 특수한 상황에서는 현실적으로 고려하기 힘들다. 북한이 스스로 못 견디고 핵무기를 내놓도록 강제할 만한 제재라는 방법도 중국이 여전히 전략적으로 북한을 포기하지 않는 한 김정은이 못 견딜 정도의 강력하고 일관된 물샐틈없는 제재를 지속하기가 어렵다. 결국 사실상의 핵보유국이 된 김정은은 핵을 포기하기보다는 핵무장을 유지하면서 미중 사이의 전략적 줄타기를 통해 핵보유를 공식 인정받고 대외관계 개선도 확보하는 이른바 '파키스탄 모델'을 최우선의 전략적 목표로 하게 되었다.

이미 핵무기를 보유하고 사실상의 핵무장 국가가 되어버린 북한이 협상을 통해 평화적으로 핵무기를 자진 해체하고 포기하기는 이제 거의 불가능하다. '이라크 모델'처럼 군사적 옵션을 실행하기도 힘들고 '리비아 모델'처럼 강력한 제재가 북한을 굴복시키기도 어렵고 협상과 거래를 통해 북이 스스로 핵을 포기하기도 불가능해진 현실이다. 싱가포르와 하노이에서 역사적인 북미정상회담이 두 번이나 개최되었지만 북핵문제가 해결난망인 현실, 이제 북핵문제가 평화적으로 해결될 거라고 믿는 국민이 거의 없다는 현실, 남북관계가 진전되면 북핵문제의 평화적 해결이 가능할 거라는 과거의 믿음이 허상이 되어버린 현실에서 이제 대북정책과 북핵정책은 근본적으로 바뀐 현실을 냉정하게 인식하는 데서부터 출발해야 한다. 근본적으로 변화된 엄연한 현실을 무시한 채 과거의 고장난 대북정책의 환상만 좇아 유통기한이 만료된 햇볕정책에 매달리는 문재인 정부의 북핵정책이 실패할 수밖에 없는 근본원인이다.

3

대북정책의
패러다임 전환

대북포용의 한계를 넘어:
일방적 포용에서 구조적 개입으로

① 개입정책(engagement)으로서 햇볕정책

일반적으로 개입정책은 '다양한 이슈영역에서의 포괄적인 접촉 확대와 구축을 통해 대상국가의 정치적 행동에 영향을 미치려는 정책'*으로 정의될 수 있다. 즉 비정상적인 행태를 견지하는 문제국가를 정상적인 국가로 변화시키기 위해 기존의 봉쇄나 고립이 아닌 적극적인 교류와 접촉 확대 및 관계 개선으로 정책 목표를 달성하고자 하는 것이다. 결국 개입정책의 핵심은 '다방면적인 접촉 확대'와 이를 통한 '대상국가의 태도변화'로 요약될 수 있다.

김대중 정부 이후 한국의 햇볕정책은 일반론적인 개입정책의 맥락에서 추진되었다. 남북 간

---

* "the attempt to influence the political behavior of a target state through the comprehensive establishment and enhancement of contacts with that state across multiple issue-areas", Evan Resnick, "Defining Engagement," *Journal of International Affairs*, vol. 54, no. 2 (Spring, 2001), p.559.

체제경쟁이 끝나고 한국의 체제승리가 확정된 탈냉전 시기에 과거의 대북 강경정책에서 벗어나 북한과 교류협력을 확대함으로써 한반도에 평화를 증진시키고 궁극적으로는 북한의 정상국가화를 통해 한국이 주도하는 평화통일을 이루고자 했고 이는 개념적 내용에서 보면 개입정책과 동일한 정책방향이었다. 실제로 김대중 정부 이후 공식화된 대북 포용정책의 영어 표현은 개입정책을 의미하는 'engagement policy'였다.

개입정책은 일반적 의미의 유화정책(appeasement)과 개념적으로 구분되는 것을 전제로 한다. 교류협력의 확대를 통해 상대방의 변화를 추진하는 개입정책과 달리 유화정책은 상대방의 군사적 팽창과 영토적 확장에 대한 양보를 의미하는 개념이기 때문이다. 개입정책이 잘못되어 유화정책으로 변질되는 것이 아니라 애초부터 유화정책은 개입정책과 개념적으로 친화성이 없다. 상대국의 정치적 행동을 변화시키려는 목적은 동일하지만 이를 위해 사용하는 방식에서 유화정책은 개입정책과 구별된다. 개입정책이 상대국가와의 접촉면 확대를 통해 그 국가의 태도변화를 의도하는 데 반해 유화정책은 영토적이고 군사적인 양보를 통해 대상국가의 선의에 기반한 태도변화를 기대한다는 점에서 근본적으로 차이가 있다.

따라서 영토적·군사적 양보를 수단으로 하는 유화정책의 반대되는 개념은 개입정책이 아니라 봉쇄정책(containment)이다. 오히려 개입정책의 반대로는 상대국가와의 접촉을 철회하고 줄여나가는 고립정책(isolation or disengagement)이 정확하다고 할 수 있다. 이에 따르면 상대국가와의 접촉을 확대하고 유지하면서 동시에 그 국가의 영토적 확장과 군사적 팽창을 억지하는 것이 가능하다. 즉 개입과 봉쇄가 병행할 수 있는 것이다.

원래 한국의 대북 포용정책은 봉쇄하되 고립시키지 않으면서 개입을 통해 북한의 변화를 결과하고 체제동질성을 확보하면서 평화와 통일로 나아가는 것이 정책 목표였다. 즉 봉쇄하여 안보를 굳건히 하면서 화해협력의 교류확대를 통해 북한의 구조적 변화를 유인하여 남북 간 체제동질성의 정도를 높이는 정책이 한국식 개입정책으로서 대북 포용정책인 것이다.

② **포용정책의 한계: 분단의 상대방에 대한 개입의 어려움**

그러나 개입을 통한 북한 변화라는 정책목표에도 불구하고 포용정책은 소기의 성과를 내지 못했다. 아니 성공적인 결과를 내기 어려운 게 현실이다. 개입정책에도 불구하고 북한의 정치적 변화가 쉽지 않은 한반도적 특성은 바로 분단국가의 상대방을 개입의 대상으로 하고 있기 때문이다. 즉 분단체제에서 일방이 타방을 대상으로 개입정책을 펼 경우 상대방은 통일이라는 구심력에 대한 불안감으로 인해 훨씬 더 변화를 주저하고 변화로 인한 체제통일을 위험스럽게 생각할 수밖에 없다. 분단체제와 통일의 가능성이 상대국가로 하여금 변화를 수용하기 힘든 현실적 딜레마를 내재하게 된 것이다.

이처럼 한국의 포용정책이 분단국 사이의 개입정책이고 따라서 항상 일방이 타방으로 합쳐지는 통일이라는 가능성에 노출되어 있기 때문에 다른 경우의 개입정책에 비해 대상국가인 북한이 훨씬 예민하고 소극적인 대응을 할 수밖에 없다는 점은 실제로 지금까지의 대북 포용정책이 기대하는 만큼의 북한 변화를 쉽게 이루지 못하게 하는 현실적 요인이 되고 있다. 김대중 노무현 시기의 대북포용에도 불구하고 북한의 정치적 변화와 개혁개방 결단이 쉽지 않은 이유는 바로 남한이라는 존재에 대한 두려움을 갖고 있는 분단의 역사적 구조에서 비롯된 것이다.

햇볕정책은 화해협력이 북한 변화를 가져올 수 있다는 단순한 믿음이었다. 물론 교류협력이 북한의 일정한 변화를 가져오기도 했다. 그러나 남북의 화해협력만으로 북한이 중국, 베트남, 쿠바 정도의 획기적인 개혁개방을 가져온다고 단순히 기대했던 것은 사실 근본적인 의문을 제기해야 한다. 분단체제에서 사회주의 국가가 본격적인 개혁개방을 추진하기는 사실상 불가능하기 때문이다. 중국도 베트남도 쿠바도 한반도와 같은 분단국가는 아니었다. 베트남의 도이머이 정책도, 쿠바의 경제개혁도 중국의 4개 현대화 노선도 분단국가가 아니었기 때문에 가능했다.

분단의 상대방에게 통일의 구심력으로 흡수될 수 있다는 체제불안의 우려가 구조적으로 존재하는 한반도 현실에서 북한 스스로의 개혁개방은 본질적으로 한계를 가질 수밖에 없다. 1984년 합영법 제정과 1991년 나진선봉 개방, 2002년 7.1경제관리개선조치와 신의주 특구 조치가 결국 실패한 것도 바로 그 때문이다. 김정은 시대에 들어 5.30조치와 6.28 방침 역시 본격적인 개혁개방에 못 미치는 땜질식 조치임도 충분히 예견된 것이었다. 분단상황이라는 구조적 제약에서 기타 사회주의 국가의 사례처럼 본격적인 개혁개방이 불가능함을 이제는 현실의 문제로 심각히 인식해야 한다.

③ 일방적 포용에서 구조적 개입으로: 북한 변화를 위하여

한반도적 현실을 충분히 감안하고 대북포용의 한계를 충실히 반영할 때, 향후 성공적인 대북포용은 다방면의 접촉과 교류를 유지하되 북한의 유의미한 변화를 확실히 이뤄내는 것을 필요로 한다. 이를 위해 향후 대북 포용정책은 '구조적 개입(structural engagement)'으로 진화해야 한다. 구조적 개입은 북한의 의미 있는 변화를 고민하는 '전략적 개입'을 염두에 두는 것이다.

개입의 종류로 구분된 '관계적' 관여와 '구조적' 관여에서 이제 한국의 대북포용은 구조적 관여를 전략적으로 심각하게 고려한다는 의미이다. 구조적 관여는 장기적인 전략에 의해 상대국의 확실한 근본 변화를 도모하는 개입전략이다. 따라서 한국의 대북정책은 구조적 개입을 통해 북한체제의 변화에 기여하는 정책방향을 더욱 강화할 필요가 있다. 적대적 대결관계에서 대북포용을 시작할 때는 당연히 대북 지원과

화해협력 우선이라는 관계적 관여에 강조점이 주어질 수밖에 없지만 향후의 대북 포용정책은 본래의 목표인 북한의 변화가 가시화될 수 있는 구조적 관여의 전략과 방법을 진지하게 고민해야 한다.

구조적 개입으로 북한 변화를 이끌어내는 것은 향후 기능주의적 통합을 가능케 하기 위해서도 필수불가결하다. 유럽의 경우에서 증명된 것처럼 기능주의적 통합은 이질적 체제가 아닌 동질적 체제 사이에 가능한 것이다. 정치체제와 경제시스템의 극명한 차이가 존재하는 조건에서는 남북의 평화공존과 화해협력이 시도된다 해도 궁극적으로 평화적 방법에 의한 통합은 미진하게 된다. 따라서 구조적 개입으로 북한에 시장경제의 도입과 정치적 변화를 일정하게 끌어내야 남북 간 체제의 이질성이 완화되고 사실상의 기능주의적 점진적 통합이 가능할 것이다.

북한의 변화를 이끌어내는 구조적 개입은 대북강경의 고립정책과는 본질적으로 다른 것이다. 북한의 변화를 고려하면서도 북한을 화해협력의 상대로 인정하고 북한과의 신뢰에 기반하여 북한 스스로의 변화를 촉진해야 한다. 포용의 기조를 큰 틀로 유지하면서 북한의 변화를 유도할 수 있는 전략적 개입을 고민하고 모색하고 추진하는 포용의 '진화'가 필요한 셈이다.

④ 보수와 진보의 발전적 진화

관계 확대를 통해 상대방의 변화를 도모하는 이른바 개입정책은 모두가 동의할 수밖에 없는 대북정책의 방향이다. 경제협력을 활성화함으로써 정치군사적 신뢰와 협력이 가능하다는 이른바 '기능주의'의 희망도 우리에겐 여전히 정당하다.

그러나 대북정책이 과거의 향수에 머무른 채 기계적 포용기조만을 고집해서는 안 된다. 문재인 정부가 실패한 이유도 변화된 현실을 무시하고 과거의 기계적 포용정책으로 회귀했기 때문이다. 바람직한 대북정책은 이제 포용정책의 정당성에만 머물지 않고 포용정책의 발전적 진화를 이루는 것이어야 한다. 과거로의 기계적 복귀가 아니라 미래를 지향하는 발전적 진화여야 한다. 김대중 정부와 노무현 정부의 대북 포용정책으로 회귀하는 게 아니라 보다 진전되고 개선된 그리고 더욱 진화된 포용정책으로 나아가야 한다.

포용정책이 진화해야 함은 환경이 변화했고 또 지속적으로 변화하기 때문이다. 화해와 협력의 남북관계를 통해 한반도에 평화를 증진시키고 북한의 바람직한 변화를 유도한다는 원론적 의미의 포용정책은 견지되어야 하지만 포용의 기조가 유지되는 것과 함께 변화된 환경에 맞게 항상 진화되어야 함도 필요하다. 진화론의 핵심은 변화된 환경에 가장 잘 적응하는 개체가 지배적인 종(種)으로 자리 잡는다는 것이다. 포용정책 역시 변화된 환경에 부합하는 진화를 끊임없이 시도해야 한다.

진화하지 않는 포용은 여전히 남남갈등의 후폭풍에 갇히게 되고 업그레이드되지 않는 포용은 북한 변화라는 당초의 목표를 달성하지 못하게 된다. 편향되고 극단화된 진보 보수 양측의 소모적 입씨름이 아니라 대북포용의 기조를 유지하면서 변화된 환경에 맞는 포용의 진화를 고민하는 합리적 논의가 이제 시작되어야 한다.

남북관계의 확대와 발전을 통해 북한을 변화시키고 한반도 평화를 정착시킨다는 포용의 근본원칙에 대해서는 좌와 우, 여와 야, 진보와 보수 모두 동의할 수 있을 것이다. 화해협력의 남북관계가 보수정부인 노태우 정부에서 비롯되었음은 부인할 수 없는 역사적 진실이다. 문제는 보수가 수구적 반북에 의해 끌려다니고 진보 역시 관념적 친북에게 포획당하는 무기력증이다.

이제 보수도 화해협력의 남북관계 즉 포용기조의 정당성을 인정하고, 진보 역시 북한 변화의 필요성과 평화로운 흡수통일의 현실성을 인정해야 한다. 그래야만 포용은 진화하게 되고 진보와 보수의 소모적인 남남갈등도 해소될 수 있을 것이다.

평화경제론과 기능주의의 한계:
이상과 현실

① 평화경제론의 한계: 개성공단의 운명

서구의 대표적 통합이론 중 하나인 기능주의(functionalism)는 남북이 활발한 경제협력과 사회문화교류를 진행하면 신뢰가 축적되고 그 성과가 정치군사적 협력으로 파급되어 결국엔 북한의 유의미한 변화와 공동체로의 통합을 가능케 한다는 순기능적 선순환을 전제한다. 기능주의는 한국 정부가 오랫동안 대북정책의 접근법으로 지속해온 이론적 토대로서 대북 포용정책 역시 이를 기초로 한반도의 평화와 북한의 변화를 추구한다.

한국판 기능주의의 대표적인 입장으로는 '평화경제론'을 들 수 있다. 이스라엘과 팔레스타인의 '평화와 영토의 교환'처럼 한반도에서 평화와 경제를 교환해서 기능주의의 선순환을 이룰 수 있다는 주장이다. 남북의 경제협력을 통해 한반도 평화를 증진시키고 동시에 평화체제가 다시 경제협력을 증진시킨다는 기능주의의 소망이다. 평화경제론의 핵심적 사례는 개성공단이다. 남북이 윈윈(win-win)할 수 있는 개성공단을 통해 경제협력과 상호 이익을 증대시키고 이 과정에서 비무장 지대의 긴장완화와 군사적 신뢰구축이 확대되고 이로써 남북의 경제협력과 한반도 긴장완화가 상호 선순환의 관계를 맺게 된다는 것이다.

아무도 반박 못할 평화경제론의 상징인 개성공단에 대해서는 필자도 한반도판 기능주의의 성공적 사례로 그 퇴행적 결과를 전혀 의심하지 않았다. 그러나 개성공단이라는 남북의 합작품은 북의 군사적 도발과 남북의 정치적 갈등으로 중단과 재개의 우여곡절을 겪다가 결국은 맥없이 폐쇄되고 말았다. 철옹성처럼 튼튼해 보였던 경제협력의 신화는 북한의 핵실험과 박근혜 정부의 정치적 결정으로 하루아침에 사라지고 말았다. 기능주의의 상징이었던 개성공단이 이제 역으로 기능주의가 얼마나 무기력할 수 있는지를 보여주는 극적 실패의 상징으로 귀결되고 말았다.

기능주의는 본래 자유롭고 다원화된 체제 사이에 적합한 이론이다. 자유민주주의와 시장경제라는 동질적 체제를 전제로 기능적 협력이 평화유지와 통합의 가능성을 높인다는 전제에서 출발한 것이다. 남북관계는 북한이라는 이질적이고 폐쇄적이고 군사주의적인 국가를 상대로 하는 것이고 따라서 남북관계에 적용되는 기능주의는 지구상에 가장 어렵고 가혹한 조건하에서 모색되는 기능주의라고 할 수 있다. 믿어 의심치 않던 개성공단의 비극적 운명이야말로 이질적인 체제이자 가장 호전적이고 폐쇄적이고 전체주의적인 북한을 상대로 한 기능주의 접근이 쉽게 성공할 수 없음을 실감케 하는 대표적 사례가 되었다.

② **기능주의 이론과 대북 포용정책**

기능주의의 핵심은 비정치 분야 즉 경제, 사회, 기술 분야에서의 협력이 공통의 이익을 가능케 하는 기능망과 협동망을 형성함으로써 전쟁 방지와 갈등 예방에 기여하고 종국에는 정치통합이라는 주권의 이양에까지 이르게 된다는 논리이다. 즉 경제협력의 확산효과(spill-over)가 평화를 증진시키고 공동체 통합을 이뤄낸다는 낙관적 전망이 바로 기능주의 통합의 요체인 것이다.

경제영역을 중심으로 한 기능망의 확장과 침투 확산 효과를 통해 갈등과 전쟁 대신 협력과 평화를 가져오고 향후 공동체가 형성됨으로써 상호 통합의 결과를 가져올 수 있다는 게 기능주의의 핵심이라면 이는 곧 대북 포용정책의 문제의식과 정책목표에 정확히 부합하는 것이다.

사실 한국의 대북정책은 오래전부터 기능주의 접근에 입각한 것이었다. 냉전 시기 박정희 정부도 평화공존을 바탕으로 경제 및 사회문화 분야의 교류협력을 우선 추진하자는 입장이었고 그것은 6.23선언 등에 그대로 드러나 있다. 1970년대 이후 기능주의 접근에 따라 평화공존과 교류협력 정책이 시도되다가 1989년 노태우 정부는 이른바 '한민족공동체 통일방안'을 통해 남북연합의 공존을 통한 공동체 형성을 제안했고 실제로 7.7선언과 남북기본합의서 채택에 의해 남북관계는 기능주의적 협력을 시작했다. 김영삼 정부의 민족공동체통일방안 역시 큰 틀에서는 교류협력을 통한 평화통일을 상정했고 이 또한 기능주의에 토대한 것이었다.

대북정책에서 기능주의는 김대중 정부의 햇볕정책에 이르러 체계화되고 본격화되었다. 김대중 정부의 햇볕정책은 철저히 기능주의적 접근을 전제로 한 것이었다.

김대중 정부가 일관되게 '정경분리' 원칙을 강조한 것도 전통적 기능주의 이론과 맥을 같이한다. 정치적 갈등이 온존하고 군사적 충돌 가능성이 존재함에도 불구하고 그와 분리해 남북의 경제적 협력을 지속하고 확대하겠다는 정경분리 원칙은 손쉬운 분야의 협력을 통해 공통 이익의 기능망을 확장하고 이로써 평화를 유지하겠다는 기능주의 접근의 핵심적 반영이라고 할 수 있다.

그러나 원래 기능주의는 개방되고 다원화된 민주주의 정치체제 간에 응용되는 이론으로서 이질적 체제 사이에는 적실성이 없는 것으로 생각되어 왔다. 한국의 대북 포용정책이 기능주의 이론의 가장 어려운 실험장이 되는 것도 그 때문이다. 어려운 조건에서 추진되는 것인 만큼 한국의 햇볕정책이 성공하게 된다면 이는 기능주의 통합이론의 정당성을 입증할 뿐만 아니라 그 적용대상을 보다 확장함으로써 이론의 보편화에 기여할 것이다. 그러나 개입정책이 소기의 성과를 내지 못하게 된다면 유럽에 적용되는 기능주의 해법이 남북대결의 분단체제라는 한반도 상황에는 제대로 적용될 수 없음을 입증하는 것이기도 하다.

③ 한국적 기능주의의 구조적 한계

기능주의는 본래 유럽의 통합과정을 배경으로 등장한 이론으로서 기본 전제가 평화공존의 상호 선린관계와 시장경제 및 자유민주주의라는 동질적 체제 사이의 협력과 통합에 관한 것이었다. 그러나 한반도는 전쟁이 일시 중단된 정전체제의 불안정성을 노정하고 있고 분단 이후 상호 이질적 체제가 공고화되어 있다. 남북관계는 언제라도 군사적 충돌이 발발할 수 있는 정전체제하에서 시장경제와 계획경제 및 자유민주주의와 수령독재라는 화해할 수 없는 이질적 체제로 나뉘어 있다. 상호 적대적이고 이질적인 체제하에서 기능주의 접근은 그만큼 더 어렵고 더딜 수밖에 없다. 기능주의의 모범이었던 유럽과는 전혀 다른 출발선에 서 있는 한반도이기 때문이다.

우선 기능망의 확장에도 불구하고 한반도 평화 증진이 미흡한 것은 정전체제의 구조적 제약이 대북 포용정책의 정치군사 분야로의 확대를 제약하기 때문이다. 경제협력과 사회문화 교류의 활성화에도 불구하고 남북의 군사적 대치와 상호 적대관계는 쉽사리 해소되지 못할 뿐 아니라 오히려 기능주의적 협력의 과정에서도 언제든지 군사적 충돌의 가능성을 내포하고 있다. 김대중 정부와 노무현 정부 시기 활발한 경제협력의 증대에도 불구하고 정치군사적 신뢰구축과 합의 도출이 어렵고 더딘 것은 바로 그 때문이었다. 즉 정전체제 하 군사적 대결이 온존하고 있는 한반도의 현실은 기능망 확대에 따른 평화 증진의 효과와 함께 언제라도 긴장고조와 군사적 충돌이 발발할 수 있는 취약성을 동시에 내포하고 있는 것이다.

오랜 시간을 요하는 점진적 기능주의 접근은 그 장기의 기간 때문에 통합의 도약점에 도달하기 전에 전쟁이나 갈등 및 기타 장애에 봉착하기 쉽다. 유럽과 달리 정전체제의 불안정성에 노출되어 있고 상호 이질화가 심한 분단체제의 남북관계에서는 기능주의의 성과가 단기간에 전면적으로 나타나기 어려울 수밖에 없는 게 현실이다.

④ **기능주의의 성공을 위하여: 교류협력과 흡수통일의 결합**

한국적 기능주의가 성공하기 위해서는 경제 분야의 기능적 협력이 저절로 정치군사 영역으로 확산되리라는 기능주의의 낙관론을 경계해야 한다.

한국적 기능주의의 가장 큰 약점은 바로 대북 포용정책에 의한 북한 변화와 공동체 형성이 현실적으로 더디고 어렵다는 점이다. 북미 적대관계와 남북 갈등관계가 남아 있는 대외적 조건에서는 북한 스스로 전면적인 체제변화를 시도하기 어렵고, 분단체제가 급격한 통합의 구심력을 발동하는 상황에서는 북한이 기능망 확대만으로 쉽사리 변화를 결심하기 어려운 구조이기 때문이다.

물론 장기간의 기능적 협력 확대에 의해 북한이 점진적으로 변화한다면 공동체 형성과 기능적 통합이 가능할지도 모른다. 그러나 북한의 내재적 불안정성과 한반도 정세의 유동성은 장기간에 걸친 북한 변화와 점진적 공동체 형성 이전에 급작스러운 북한 내부의 파열이나 체제전환의 가능성을 높이고 있다. 즉 북한의 점진적 변화 가능성을 염두에 둔 기능주의적 접근과 동시에 북한의 급변사태와 붕괴 가능성을 염두에 둔 현실주의적 접근도 함께 고려해야 한다.

독일의 경우도 동방정책이라는 기능주의적 접근이 통일의 기초와 여건을 마련하는 데는 기여했지만 직접 통일을 이끌어낸 주된 요인은 아니었다. 실제로 통일은 동독의 민주화와 동독 주민의 정치적 선택에 의해 급격하게 일방이 타방에 흡수되는 방식으로 진행되었다. 동방정책이라는 기능주의 접근은 양독의 화해와 협력, 교류와 접촉을 통해 평화를 담보해냈고 최종의 통일과정은 정치적 흡수통일 방식으로 진행된 것이다.

결국 기능망의 확충으로 평화가 정착되는 건 가능할 수 있지만 정치 통합까지 가능할지는 여전히 의문이고 한국적 기능주의 역시 대북 포용정책으로 평화 유지와 북한 관리를 지속하다가 남북의 통합은 결국 급격한 흡수통일의 방식이 보다 현실적인 경로가 될 수 있다. 따라서 대북 포용정책은 기능주의적 통합을 목표로 설정하되 현실에서는 급변사태 후 흡수통일을 대비하고 고려해야 한다.

힘의 우위에 근거한 '현실주의'의 맥락이 한국적 기능주의의 성공에 기여할 수 있다. 기능주의만으로 북한 상대의 한반도 평화정착이 완성되기는 어렵다. 오히려 기능적 협력 확대와 기능망 확장을 통해 전쟁 방지와 갈등 예방을 도모하면서도 군사력 우위에 입각한 힘의 억지력을 확고히 일관되게 담보해야만 한반도 평화유지가 가능하다.

북한 변화와 남북 통합 역시 기능주의적 접근방식으로 점진적·단계적 통일과정을 추구하지만 오히려 현실적으로는 북한의 갑작스러운 내파와 체제전환 그리고 힘의 우세가 열세를 흡수하는 급격한 통합방식을 항상 고려해야 한다. 기능주의와 현실주의의 결합이 사실은 가장 현실적 통일과정이 될 수밖에 없다.

원론적으로 북한 변화는 기능주의에 입각해 장기적 접근을 하는 것이 바람직하고 유용하다. 당장 북한 변화가 어렵고 결국엔 붕괴나 급변사태로 통일을 맞을 가능성이 크지만 그럼에도 불구하고 기능주의적 접근의 정당성과 유용성이 감소되는 것은 아니다. 오히려 꾸준한 기능주의 접근에 의해 북한 내부의 변화 여건을 조성해내야만 체제전환의 급격한 변동도 가능해질 수 있다. 온전한 의미의 북한 변화는 기능주의만으로 불가능하지만 그를 가능케 하는 배경과 토대는 분명 기능주의가 씨를 뿌릴 수 있기 때문이다.

급변사태 이후 통일과정에서도 당연히 기능주의 접근의 성과가 전제되어야만 비폭력적·평화적 방식의 흡수통일을 이룰 수 있다. 기능주의적 통합의 노력이 배제된 채로 갑작스럽게 다가오는 급변사태는 매우 폭력적인 방식으로 일방이 타방을 흡수할지 모른다. 그러나 오랜 기간의 기능적 협력의 축적은 붕괴 이후 흡수통일 과정에서 평화적인 방식으로 후유증을 최소화할 수 있는 토대를 제공해준다.

한반도 평화와 북한 변화 및 통일을 추구하는 과정은 기본적으로 기능주의에 입각한 접근을 뼈대로 할 수밖에 없다. 그러나 한국적 기능주의의 성공을 위해서는 보다 현실적이고 다양한 접근과 노력이 모색되어야 한다. 기능주의에 입각해 점진적 교류협력으로 북한의 변화를 모색하되 실제 통일의 과정은 급변사태에 의한 평화적 흡수통일이라는 현실주의적 접근을 결합해서 대비해야 한다. 기능주의가 한반도 통합이론의 핵심이지만 기능주의만으로는 한반도 통일을 성공적으로 완성할 수 없기 때문이다.

평화공존을 넘어 평화적 흡수통일로

① 흡수가 통일의 본질

통일은 더 이상 먼 미래의 일이 아니다. 조만간 그리고 불현듯 현실의 일로 다가올 수 있는 매우 구체적인 과제이다. 갈수록 심화되는 북한의 불안정성은 통일의 결정적 계기가 이미 우리 곁에 근접해 있음을 의미하기도 한다. 통일이 현실의 준비 과제로 인식되는 한, 한반도 통일은 매우 현실적이고 냉정하게 접근해야 한다. 좌우 진영의 이념과 노선을 앞세운 주관적 희망과 고집만으로 실제 진행될 통일을 회피하거나 두려워하거나 우회해서는 안 된다.

우리가 부인할 수 없는 통일의 원칙은 통일의 본질이 '공존'이 아니라 '흡수(absorption)'라는 점이다. 통합(integration)은 본래 개별 주권을 가진 국가들이 공통의 목표와 이익을 위해 초국가적 기구를 구성해서 평화와 협력을 이루는 것이다. 두 차례의 비참한 전쟁을 경험했던 유럽이 유럽연합을 만들어 운영하고 있는 것이 대표적 통합 사례이다. 그러나 통일(unification)은 원래 하나였던 나라가 분단되었다가 다시 재결합하는 것이고 따라서 역사적으로나 본질적으로 통일은 두 체제 중 하나가 사라져야 함을 의미한다. 분단되었다가 하나가 되는 재통일(reunification)은 본질상 한 체제의 소멸이고 따라서 분단국가의 통일은 본질적으로 흡수통일일 수밖에 없다. 독일이 그랬고 예멘이 그랬고 베트남이 그랬다.

양 체제의 공존은 과도기일 뿐이고 통일의 완성이 결코 아니다. 분단 상황에서 평화공존의 과도기를 통해 분단을 평화적으로 관리할 필요는 있어도 공존이 통일일 수는 없다. 진보진영이 금과옥조로 강조하는 평화공존은 통일의 필요조건일 수는 있어도 통일을 완성하는 충분조건일 수는 없다. 결국 통일은 싫든 좋든 일방의 소멸이고 일방으로의 흡수일 수밖에 없다. 현실적인 통일논의와 통일준비는 너무나도 당연한 이 원칙에서부터 출발해야 한다.

흡수가 통일의 본질이기 때문에 실제 통일과정이 시작되면 통일은 결코 미리 그려진 통일과정이나 통일방안의 경로대로 진행되지 않는다. 2차 세계대전 이후 존재했던 분단국의 재통합 사례는 어느 경우에도 공식 채택된 통일방안대로

되지 않았다. 분단 시절 미리 규정해 놓았던 희망적인 통일과정이나 통일방식의 모델대로 그대로 진행되지 않았다. 미리 그려진 관념상의 통일 방식은 실제의 역동적 통일과정에서 변형되거나 폐기되었고 속도가 빨라지거나 늦어졌다.

흡수가 통일의 본질이기 때문에 또한 실제의 통일은 결코 합의에 의한 대등통일을 허하지 않는다. 대부분의 통일방안은 쌍방의 합의에 의한 평화적 방식의 대등통합을 표방하고 있지만 현실에서 전개되는 실제 통일과정은 결코 합의형 대등통합이 불가능함을 보여주고 있다. 통일이 시작되는 순간 이후 통일과정은 가장 냉정하고 냉혹한 힘의 관계를 반영하게 된다. 이성적으로는 공존형 과도기간을 거친 합리적 통일을 주장할 수 있지만 실제 통일과정에 진입하면 힘의 우위에 있는 일방이 열세에 있는 타방을 급속도로 흡수하는 방식을 취할 수밖에 없었다.

물론 합의에 의한 통일방식은 힘의 관계를 반영한 불균형 통일방식과 어떻게든 결합하는 모습을 취한다. 즉 합의통일은 이미 내막적으로 일방이 타방에 흡수된 통일방식을 사후 추인하는 외적 정당화 절차로 존재할 수 있다. 자유선거에 의해 새로 구성된 동독 정치권력이 서독 연방에 편입을 결정하는 평화적인 합의통일 방식이 이에 해당한다. 아니면 합의통일은 향후 치열하게 진행될 힘에 의한 역동적 통일과정의 시작을 알리는 역할을 하기도 한다. 평화로운 합의통일을 도출해놓고 정작 본격적인 통일과정의 힘겨루기는 그제야 시작되는 것이다. 총선에 의한 대등통일을 합의해놓고도 정작 일방이 타방을 무력통일하게 되는 예멘의 경우가 이에 해당한다. 결국 실제로 존재하는 현실의 통일은 쌍방이 대등하게 합의에 의해 통일되는 방식이 본질이 아니며 오히려 힘의 역관계를 반영한 급격한 흡수방식이 통일의 본질임을 알 수 있다.

이로 미루어 볼 때 현실에서는 공식적 통일방안이나 이상적 통일경로가 실제의 통일을 주조하는 것이 아니라 역동적으로 전개되는 실제 통일과정의 '정치동학(political dynamics)'이 통일을 완성하게 되고 이에 따라 통일의 방식과 통일국가의 모습이 주조된다. 이에 유의한다면 한반도 통일 역시 통일의 경로와 방식은 미리 정해지는 것이 아니라 통일과정의 역동적 진행과정에 따라 가변적으로 진행될 수 있다. 통일과정에서 발현될 역동적 정치과정을 현실로 받아들이되 가능한 한 그 부작용과 후유증을 최소화하고 더 나은 삶이라는 통일의 본래 의미와 가치에 기여할 수 있도록 고민하는 노력이 필요하다.

② 통일과정의 원칙으로서 역동성과 진보성

실제로 도래할 현실 가능한 한반도 통일과정을 염두에 둔다고 하더라도 우리가 통일을 준비하면서 견지해야 할 몇 가지 원칙은 갖고 있어야 한다. 지나치게 관념적이고 공허한 명분 중심의 통일방안이나 장밋빛 그림만 내세운 통일국가 모델에 연연하지 않으면서도 다른 한편으로는 통일의 결과물이 지금의 분단 현실보다는 분명 나은 상태여야 함이 당연하다. 즉 통일과정은 남북의 힘의 관계를 반영한 엄연한 현실의 문제이면서 동시에 그럼에도 불구하고 남북이 통일을 통해 보다 나은 상태로 나아가야 하는 진보 지향의 문제이기도 한 것이다. 결국 우리가 상정해야 할 통일과정은 현실적으로 힘의 관계가 반영되는 역동적 과정이면서 동시에 지금의 분단보다 나은 진보의 과정이어야 한다.

흡수가 통일의 본질인 한, 통일은 힘의 반영일 수밖에 없다. 실제 통일과정은 힘의 우열에 따라 우위에 있는 일방이 열세에 있는 타방을 흡수하는 방식이다. 결국 현실적인 통일과정은 부득불 힘의 관계를 반영하는 역동적 정치과정을 상정해야 한다. 미리 정해진 경로와 방식을 따르는 게 아니라 당시의 세력관계를 반영하면서 남과 북 사이에, 정부와 시민사회 사이에 그리고 진보와 보수 사이에 통일과정의 주도권을 다투면서 매우 가변적이고 역동적인 정치동학이 진행될 것이다.

힘을 반영한 통일과정과 더불어 우리가 통일과정에서 견지해야 할 또 하나의 내용은 통일된 상황이 남과 북 모두에게 지금의 현실보다 더 나은 상황을 제공해야 한다는 점이다. 이른바 '더 나은 통일'로서 진보성의 원칙이다. 통일이 오히려 남측 사람들에게 삶의 질의 퇴보를 결과하거나 북측 인민들에게 더 나은 삶을 제공하지 못한다면 그것은 올바른 통일이라 할 수 없다. 분단을 해소하고 통일을 지향함은 지금의 분단현실보다 남과 북 구성원에게 더 나은 삶을 제공해야 하기 때문이다.

이처럼 한반도 통일과정이 힘을 반영한 '역동성'과 보다 나은 통일로서 '진보성'의 원칙을 견지해야 함에도 불구하고 실제로 진행될 통일과정은 역동성의 우세 속에 진보성을 지향하는 방식이 될 가능성이 높을 것이다. 즉 통일과정 당시의 남북의 역관계와 남북 각각 내부의 세력관계를 반영하는 역동적 정치동학에 의해 통일의 방식과 경로 그리고 통일국가의 모습이 주조될 가능성이 높고 다만 그 역동성의 과정에서도 분단현실을 개선하고 분단보다 더 나은 통일을 지향해야 하는 진보성의 원칙이 일정하게 고려되어야 하기 때문이다. 결국 통일과정에서 우리가 고민해야 할 원칙은 역동성 즉 힘의 우위 세력이 주도하는 구심력의 급속한 통합을 현실적으로 인정하면서도 그 과정과 결과가 더 나은 통일이라는 진보성의 원칙을 지나치게 훼손하는 것은 막는 것이어야 한다.

③ 독일통일의 사례: 평화적 흡수통일의 역동성

통일과정의 급격한 정치동학을 가장 극명하게 보여준 사례는 바로 독일이다. 1989년 베를린 장벽이 무너진 후 불과 1년 만에 동독은 서독으로 완전 편입과 함께 흡수통일되었다. 통일과정에 본격적으로 진입하자마자 일정한 준비와 고민도 별로 없이 동독 주민들의 자유로운 선택과 의향에 따라 동독 5개주는 서독 기본법 23조에 따라 일방적으로 흡수를 결정한 것이다.

  동독의 오랜 독재자 호네커가 실각하고 크렌츠가 서기장으로 교체될 때만 해도, 베를린 장벽이 무너지고 동독인의 자유로운 여행이 허용되었을 때만 해도 그렇게 빨리 그렇게 쉽게 동독이 서독으로 흡수될 것이라도 믿는 사람은 없었다. 장벽 붕괴의 중심에 있었던 호네커도 1989년 1월 20일, '장벽은 앞으로 50년 또는 100년은 갈 것'이라고 말했지만 그는 곧 권좌에서 물러났고 장벽은 무너지고 말았다. 너무나 극적인 베를린 장벽 붕괴와 이후 전개된 신속하고 급진적인 통일과정의 정치동학은 그래서 참으로 미스테리한 것이기도 했다.

장벽 붕괴 이후 통일과정 역시 동독과 서독 정부 모두는 초기에 매우 신중하고 점진적인 것이었다. 붕괴 직후인 11월 10일 동독은 정치개혁을 발표했고 크렌츠 서기장은 개혁 추진과 함께 동독을 사회주의로 존속시키겠다고 강조했다. 서독의 콜 총리도 아직은 통일 언급을 자제했고 경제원조와 기술지원을 통해 동독 경제의 재건에 일차적 관심을 표명했다.

새로 총리로 선출된 동독의 모드로우는 1989년 11년 17일 급격한 통합이 아닌 서독과의 협조적 공존을 위한 '조약공동체(Vertragsgemeinschaft)'를 제안했고 서독의 콜 총리는 11월 28일 10개항의 통일방안을 발표했다. 콜의 구상은 각 분야에서 공동위원회를 구성하여 협력을 강화한 후 국가연합

(Konföderation)의 과도기를 거쳐 연방국가(Föderation)로 통일하자는 단계적 방안이었다. 모드로우의 조약공동체보다는 진전된 통일 의지를 제시한 것이지만 신속하고 구체적인 통일일정은 전혀 밝히지 않고 있었다. 동독 스스로 희생과 혼란을 피하고 통일에 대한 속도를 조절하면 그에 따라 양독의 통합이 진행되어야 한다는 생각이었다.

장벽 붕괴 이후 시위대는 이미 통일을 연호했지만 정작 동서독 정부는 조심스럽고 단계적인 통일과정으로 접근했고 양측의 정당과 운동 조직에서도 급격한 통일 대신 질서 있는 통합, 즉 과도적인 단계를 상정한 통합을 주장했다. 동독의 「라이프치히 인민일보」(Leipziger Volkszeitung)는 1989년 12월 10일, '왜 우리 모두는 거리로 뛰쳐 나갔는가'라고 묻고 현 시점에서 통일논의는 단계적이어야 한다고 강조했다. 국가 간 조약공동체와 국가연합 구조로 가야 한다고 주장한 것이다. 이는 동독의 민주화 시위를 이끌었던 '신광장(Neues Forum)'뿐 아니라 서독의 사민당(SPD)과 동독의 사회주의통일당 후신인 민사당(PDS)도 초기에 동의하는 바였다. 이외에도 동서독의 일부 지식인들과 녹색당도 동독의 존속을 옹호하고 나섰다. 베를린 장벽 붕괴 이후 그해 겨울부터 이미 라이프치히의 월요시위와 다른 도시의 대규모 시위에서 급속한 통일을 요구했지만 동서독 정부와 정당들 대부분은 아직까지 급격한 통일과정을 기정사실로 받아들이지 못하고 있었던 것이다. 급속 통일에 대한 신중한 접근은 국내뿐 아니라 독일 바깥에서도 존재했다. 미국을 제외한 소련과 프랑스, 영국 등은 동독 정상화 기간과 급격한 통일의 정치사회적 문제 유발 등을 들어 독일통일은 유럽의 평화와 안정을 해치지 않는 범위 내에서 논의할 수 있다는 의견이었다.

통일의 요구와 흐름이 거세지자 1990년 2월 1일 동독의 모드로우 총리는 기존 입장에서 조금 더 나아가 동서독의 정치적 통합을 목표로 '하나의 조국, 독일을 위한 4단계 통일방안'을 제시했지만 여전히 국가연합 단계를 설정하고 있었고 서독의 나토 탈퇴를 주장함으로써 실현 가능성은 처음부터 높지 않은 것으로 받아들여졌다.

그러나 동독 시위대는 이미 통일을 외치기 시작했다. 동독의 민주화를 주장했던 '우리는 국민이다(Wir sind das Volk)'라는 구호는 이제 통일을 원하면서 '우리는 한 민족이다(Wir sind ein Volk)'로 급변했다. 장벽이 무너짐으로써 국가통일을 위한 여정은 되돌려질 수 없었고 급격한 통일만이 유일한 대안으로 간주되었다. 콜 총리의 10개항과 모드로우의 4단계 통일방안이 나오기 이전부터 이미 동서독은 통일과정에 진입했고 역동적 정치동학은 실제로 통일의 길을 걷고 있었던 것이다.

서독으로의 신속한 통합을 원하는 동독인들의 의사는 곧바로 1990년 3월로 예정된 동독의 첫 자유선거를 앞두고 매우 강력한 정치적 역동성으로 표출되었다. 1989년 12월 콜 총리가 모드로우 총리와 회동을 갖고 동독의 드레스덴에서 연설했을 때, 수천명의 동독 주민들은 환성을 올리며 서독 국기를 흔들었다. 더 이상 통일을 뒤로 미룰 수 없음은 명확했다. 콜 총리는 급격한 통합의 구심력이 아무도 제어할 수 없을 정도로 작동하는 것을 확인하고 동독주민의 정치적 역동성을 따를 수밖에 없었다.

3.18자유선거를 앞두고 콜 총리의 지원을 받은 동독의 기독교민주당을 중심으로 한 '독일연합(Allianz Für Deutschland: AD)'은 선거전에서 통일문제를 전면화시키고 동독이 서독 기본법에 따라 수용 편입되는 통일을 주장하고 나섰다. 이제 통일과정의 본격화에 따라 서독의 기민당은 동독 주민의 정치적 역동성을 따라 급격한 통일을 수용하게 된 것이

다. 특히 콜 총리는 1990년 2월 동독과의 경제통화 통합을 제안하고 공동위원회를 개최하면서 경제계의 우려와 반대에도 불구하고 동독과의 화폐통합을 강조하고 나섰다. 서독 마르크와의 1:1 화폐통합 기대에 부푼 동독 주민들이 당연히 서독과의 신속한 통일을 지지하게 되었음은 물론이다. 사태가 여의치 않자 동서독 통일방안으로 국가연합 방식을 제시했던 서독 사민당도 선거를 코앞에 두고 결국 1990년 3월 7일, 당의 진로를 수정하고 통일에 동의했다. 브란트가 '함께 속하는 것은 함께 자라야 한다'는 입장으로 정리하면서 통일찬성으로 당론이 정리되었지만 이미 때는 늦었다.

이미 동독 사람들은 동독의 민주화를 넘어 사회주의체제를 해체하고 서독의 자유와 풍요로움에 편입하기를 강력하게 희망했다. 동독 민사당과 서독 사민당 등 기존 정당들의 신중한 접근에도 불구하고 주민들의 급속통일에 대한 지지는 강력한 정치적 역동성으로 결집되어 그 누구도 어느 세력도 막을 수 없게 되었다. 통일을 찬성하는 기민당 주도의 '독일연합(AD)'은 통일문제를 전면에 내세우며 빠른 합병 통합을 주장했다. '사회주의는 절대 다시는 안 돼, 자유와 번영을'이라는 구호로 동독 유권자들의 지지를 조직화해냈다. 선거

4주 전만 해도 유권자의 2/5가 결정을 유보하고 있었을 만큼 선거결과는 혼란스러웠다. 정치과정의 역동적 변화는 1:1 화폐교환 방침을 공포한 다음에 결정적으로 나타났다. 이전의 여론조사는 기민당이 11%에 머물고 사민당이 54%로 압도적이었음에 반해 화폐교환 발표 이후 동독 주민들의 분위기는 급속도로 바뀌었다. 결국 3.18동독선거 결과, 예상 외로 기민당 주도의 독일연합(AD)이 48%, 사민당은 21%, 민사당은 16%의 지지율을 얻었다. 독일연합은 사민당과 연정을 맺고 메지에르 기민당수를 동독 총리로 선출했다. 총선결과는 서독여당이 제안한 경제통화 통합을 하루라도 빨리 달성하는 데 대한 압도적 지지의 국민투표였다. 서독의 풍요로움에 하루빨리 합류하고 싶은 동독 주민들의 역동적 정치선택은 결국 3.18선거를 통해 자유의사로 사회주의국가를 포기하고 서독을 선택했고 이는 곧 급속한 독일통일의 발판이 되었다.

  동독 구성원들의 통일 요구가 정치적으로 확인되었고 동독체제의 해체와 서독으로의 신속한 편입은 거침없이 발 빠르게 진행되었다. 자유선거 이후 1990년 10월 3일 동서독 통합까지는 고작 7개월도 걸리지 않았다. 우선 1990년 5월 18일 동독 마르크와 서독 마르크의 1:1 통합을 포함한 경제

통합 조약이 조인되었고 8월 3일에는 통일독일의 총선을 위한 선거조약이 체결되었고 8월 31일 통일조약이 체결되어 그해 10월 3일 동서독은 통일되었다. 이에 앞서 자유선거로 구성된 동독의회는 1990년 8월 23일 서독의 기본법 23조에 따라 1990년 10월 3일에 서독에 편입된다는 안을 찬성 294, 반대 62, 기권 7로 가결함으로써 서독과의 통일조약 체결을 뒷받침했다.

결국 독일통일은 베를린 장벽 붕괴에서 통일선포까지 1년이 채 안 되는 기간 동안 동독의 자유선거를 둘러싸고 표출된 동독 주민들의 정치적 의사 표시, 즉 사회주의 체제를 하루빨리 폐기하고 동독을 지구상에서 사라지게 한 뒤 서독 연방으로 편입하겠다는 강력한 의지에 의해 일사천리로 진행되었다. 아무도 예상하지 못했던 신속하고 급격한 평화적 흡수통일이었다. 동서독의 좌파와 야당은 물론 초기에는 서독의 기민당조차 생각하지 못했던 가장 역동적인 통일과정의 정치동학이었던 셈이다. 그리고 정치적 다이나믹스에는 아무도 저항할 수 없었고 그 누구도 거스를 수 없었다.

국가연합이나 조약공동체를 통한 과도적인 공존 단계를 상정하고 동독의 존속을 통해 통일을 준비해야 한다는 신중한 점진적 접근은 실제 진행된 통일과정의 정치적 동학에 의해 여지없이 패퇴한 것이다. 이는 통일이 막상 시작되고 통일과정에 진입하자 동서독 구성원 대다수는 다소의 혼란과 비용과 부작용에도 불구하고 서독으로의 흡수통일을 열망했고 그것이 선거와 정치과정에서 정확히 투영되었음을 의미한다.

베를린 장벽 붕괴 이후 서독과의 통합을 앞두고 동독인들은 황금빛 미래에 들떠 있었고 야당의 말보다 콜 총리의 말을 더 믿었다. 서독 민심도 통일 비용과 부작용을 의식하긴 했지만 그 희생보다는 편익이 더 많을 것으로 여겼다. 물론 급격한 흡수통일을 부정적으로 평가하는 논의가 일부 존재했다. 당시 통일조약에 대해 일각에서는 소련 지배에서 서독 지배로 옮겨갔다며 '굴욕에서 굴욕으로' 평가하기도 했다. 그러나 현실로 작동하는 통일과정은 이성적 판단과 합리성으로 지배되는 게 아니라 당시 정치과정에 참여하는 대다수 구성원들의 선택과 의사에 의해 결정되는 것이며 그것은 대부분 우위의 정치체제가 상대방을 급속도로 흡수하는 구심력의 역동성을 보여주는 것이었다. 베를린 장벽 붕괴 이후 '우리는 국민이다'에서 '우리는 한 민족이다'로 급변한 시위대의 구호와 동독의 첫 번째 민주선거 결과는 동독 국민 대다수가 서독으로의 신속한 흡수통일을 희망했다는 사실을 잘 보여주었고 이로써 독일통일은 그들의 역동적 선택에 의해 경로와 방식이 결정되었다

④ 예멘통일의 사례: 합의형 대등통합의 취약성

통일의 본질이 흡수임을 전제로 합의형 대등통합이 불가능함을 보여주는 단적인 사례가 바로 예멘의 통일이다. 1990년 5월 22일 남북 합의에 의한 통일 예멘공화국이 선포된 이후 1994년 7월 내전 종료로 북예멘이 남예멘을 무력통일하기까지 예멘은 숱한 우여곡절을 겪어야만 했다. 과도기 3년간의 정쟁과 갈등, 총선과 이후 정치적 대립, 예고된 내전과 재분리, 무력진압과 재통일의 과정을 겪으면서 예멘은 합의통일 이후 무력통일이라는 극적인 흡수의 방식을 경험했다.

 상호 내전과 통일 협상을 반복하던 끝에 1988년 사나협정 이후 남북은 상호 왕래가 시작되었고 고르바초프의 개혁개방 영향으로 남예멘의 사회주의 정권이 정치개혁에 착수하게 되면서 통일의 분위기가 형성되기 시작했다. 1989년 11월 아덴에서의 남북정상회담을 통해 양측은 통일의 필요성을

인식하고 통일헌법을 확정 짓기로 합의했고 결국은 1990년 4월 「예멘공화국 선포 및 과도기 조직에 관한 합의서」에 서명함으로써 30개월의 과도기 이후 총선거를 거쳐 통일정부를 수립하기로 합의하고 1990년 5월 예멘공화국의 수립을 선포했다.

문제투성이였던 과도기가 종료되었지만 정치적 불안정으로 총선거는 결국 3년이 지난 1993년 4월 27일 실시되었고 그 결과는 북예멘 집권당인 국민회의 121석, 북예멘의 부족세력인 이슬람개혁당이 62석을 차지했고 남예멘의 예멘사회당은 56석으로 3당에 머물고 말았다. 화해협력 기간이 충분히 경험되지도 않고 남북 예멘의 실제 정치 역관계를 정확히 반영하지도 못한 채 권력집단만의 이해관계를 좇아 대등통합을 무리하게 합의해냈기 때문에 과도기 이후 통일과정은 이제 합의가 아니라 서로의 힘겨루기를 그대로 반영하면서 정치적 역동성으로 흘러가게 되었다.

이미 상호 반목과 갈등이 지속되었던 탓에 선거 결과를 놓고 국민회의당은 남북 합의체인 대통령평의회 대신 대통령중심제로 개헌하고자 시도했고 이에 반해 1:1 대등통합의 정신을 고수하는 예멘사회당은 북의 흡수통일 의도를 비판하면서 정치개혁을 주장하고 나섰다. 양측은 결국 합의에 이르지 못했고 남예멘 출신 알비드 부통령은 아덴으로 내려가 공무를 거부해 버렸다.

선거 결과 의석 수에 비해 실제 득표 수에서는 예멘사회당이 이슬람개혁당보다 많았고 또 남예멘 지역에서는 압도적인 지지를 받아 지역구를 석권한 게 사실이었다. 따라서 원래 합의통일의 정신을 살린다면 연방제와 정치개혁을 주장하는 남측의 주장에 대해 북이 의석 수로 밀어붙이며 무조건 반대할 게 아니라 양측 간 정치협상이 시작됐어야 했다는 주장도 일리는 있어 보였다. 그러나 선거결과만을 믿고 북측은 남측을 몰아붙였고 남측은 정치제도 개혁을 요구하다 좌절되자 결국은 분리를 택했고 북측은 기다렸다는 듯이 대남공격을 감행하게 된다.

남북의 정치적 대립이 해결되지 못하면서 양측은 내부적으로 사실상 일전을 준비하는 모양새가 되고 말았다. 급기야 총선 1주년이 되던 1994년 4월, 남북은 암란 지역에서 대규모 전투를 시작해 북이 남을 제압했고 이어 1994년 5월에는 남측 공군기가 북의 사나를 공습하고 북이 아덴을 보복 공습함으로써 내전이 본격화되기에 이른다. 살레 대통령은 비상

사태를 선포하고 알비드 부통령을 파면했고 대대적인 아덴 함락 작전에 나선다. 내전 와중에 알비드 부통령은 예멘민주공화국 수립을 선포하면서 재분리를 선언했지만 결국은 7월 내전에서 완전 패배하고 도주함으로써 예멘통일은 무력통일로 일단락되었다.

통일과정 진입 이후 역동적인 정치동학에 노출된 것은 독일과 마찬가지였지만 그 결과에서 예멘의 사례는 참담하고 부정적인 것이었다. 남북 합의의 평화적 통일로 시작해서 급기야 수많은 사상자를 내고 일방적인 무력통일로 귀결되었기 때문이다. 그리고 여기에는 독일과 다른 예멘의 독특한 원인이 자리 잡고 있다.

무엇보다 남북 예멘은 독일과 달리 통일 합의 이전에 이미 두 차례의 내전을 경험할 정도로 오래된 적대성을 내재하고 있었다. 군대가 직접 맞붙어 휴전협정을 체결하면서 멈춰야 했던 정식 교전이 1972년과 1979년 두 번이나 발발했다. 남북전쟁뿐 아니라 양측은 상대 정권을 전복시키기 위해 갖은 노력을 기울였다. 남예멘은 북측에 민족민주전선이라는 반란조직까지 동원해 폭동과 반란을 고무하기도 했고 심지어 북예멘의 대통령을 폭사시키기도 했다. 또한 내부 권력투쟁에서 실패한 정치 지도자가 상대방에 피신해 몸을 의탁하기도 했다.

이처럼 갈등과 대결이 일상화되던 것에 비하면 남북 예멘의 통일협상은 너무도 쉽게 합의가 도출되었다. 정치적 합의에 의한 통일이 얼마나 대내적 토대가 취약했는지를 짐작케 하는 대목이다. 1972년 교전 이후 통일협상이 진전되고 마찬가지로 1981년과 1988년에도 통일헌법 초안 작성 등이 진행된 것은 이를 가능케 하는 사회정치적 토대로서 남북 예멘의 오래되고 일관된 화해협력이나 교류 없이 갑자기 이뤄진 측면이 강했다. 즉 독일의 경우 1970년 동방정책 추진 이후 20여 년에 걸친 일관된 화해협력과 교류접촉 및 상호 방문이 통일추진의 밑거름이 되었고 특히 평화적 방식의 통일을 가능케 한 요인이었음을 감안하면, 남북 예멘은 교류와 협력을 통한 통일의 조건도 마련되지 않은 상태에서, 구성원들의 상호 공존의식이 확고히 정착되지도 않은 상태에서 정치 지도층의 타협과 협상만으로 통일 방안을 도출했기 때문에 처음부터 취약한 기반을 가질 수밖에 없었다. 예멘인들 스스로도 사나협정 이후 통일까지는 50년의 시간이 걸릴 것으로 생각했고 1987년에 통일협상에 임했던 북예멘 고위관

리들도 통일이 수년 후에 이루어지리라고 생각하지 않았다.

남북 예멘이 상호 화해협력했던 실질적인 기간은 1981년 아덴 정상회담 이후 약 4년 동안이 역사상 가장 긴 평화공존 시기였고 사실상의 활발한 양측 교류는 1988년 사나 정상회담과 '남북예멘 간 국민왕래에 관한 합의서' 채택 이후에야 본격화되었다. 이후 1989년 아덴의 남북정상회담에서 통일을 합의하고 1990년 5월 통일을 선포했으니 실제로 화해협력과 교류의 의미 있는 기간은 5년여 기간이었음을 알 수 있다. 수십 년의 반목과 대립기간을 생각할 때, 단숨에 남북이 통일 국가를 이루어 살기에는 너무나 짧고 허약한 기간이었던 셈이다.

또한 남북 간에 50:50의 대등통합을 합의해 내면서 각각 내부의 국민적 합의를 이끌어 내지 못했다. 북에서는 사우디의 지원을 받는 부족 세력과 이슬람 세력을 배제했고 남에서는 친소강경파의 반발을 무시했다. 통일의 주체인 구성원 모두의 정치적 의견이 반영되지 않은 채로 무리하게 나눠먹기식 대등통합을 합의한 탓에 실제 존재하는 권력의 역학관계가 왜곡되었고 이는 곧 과도기 이후 실시된 총선거에서 현실적 역관계를 드러내는 선거결과가 나옴으로써 정치적 혼란의 씨앗이 되고 말았다.

통일과정에는 반드시 내부의 현실적 역관계가 정치적 다이나믹스를 통해 반영되고 표출될 수밖에 없다. 북예멘의 1/4에 불과한 남예멘에게 대등한 권력배분을 하고 합의형 통일을 이뤘지만, 실제로 치러진 총선 결과는 북예멘의 국민회의당과 이슬람개혁당이 1당과 2당을 차지하는 현실의 역관계를 반영했다. 남예멘은 대등통합의 정신을 요구하며 절반의 권력 지분을 요구했고 북예멘은 자유의사에 의한 국민들의 선거결과를 따라야 한다며 거부했다. 합의형 대등통합이 현실 선거에서의 실제 권력배분과 괴리를 보이게 되자 결국 남북은 재분리와 무력을 통한 재통일의 과정을 겪고 만 것이다.

통일선포 이후 총선 이전의 과도기를 설정한 것은 그나마 준비가 부족했던 남북의 화해협력을 증진시키고 다가올 정식 통일 이전에 양측의 화학적·유기적 통합을 모색하기 위해서였다. 그러나 30개월의 과도기간은 오랫동안 지속된 남북의 대결과 갈등을 해소하기에 턱없이 짧은 기간이었고 그것도 대부분의 세월을 상호 불신에 의한 정쟁과 대립, 정치 폭력 시비 등으로 허비하고 말았다. 특히 무장력을 보유한 군대의 통합이 유보되고 기존의 명령 계통에 따라 운영되면서 남북이 각각 자신들의 편제를 그대로 유지하고 있었다. 상대적으로 짧은 화해협력 기간을 보완하기에는 지나치게 부족한 과도기였고 그것마저도 실질적 통합을 준비하는 게 아니라 내면적으로 갈등과 대결을 숨기고 있었던 것이다.

예멘의 통일과정이 실제 진행된 정치동학에서 재분열과 무력통일이라는 최악의 결과로 귀결된 것은 사실 독일의 통일과정과 비교해보면 충분히 예견된 것이기도 하다. 오랜 적대관계에 비해 너무 짧은 화해협력 기간으로 상호 통일의 조건이 성숙되지 않았고 정치 지도자의 타협과 협상만으로 남북의 역관계와 각각 내부의 정치적 역학관계도 제대로 반영하지 못한 채 서둘러 통일을 선포했으며 턱없이 짧은 과도기간마저 정치적·경제적 어려움으로 사실상의 통일준비를 못했기 때문이다.

당연히 총선 결과는 애초의 합의통일을 무색케 하는 정치적 역관계를 반영한 것이 되었고 남예멘에 비해 영토와 인구와 경제력 면에서 월등히 앞선 북예멘 우위의 의회구성이 이뤄졌다. 선거 이후 남과 북은 살아남으려는 측과 흡수하려는 측의 힘 대결로 진행되었고 결국은 힘에 의해 북이 남을 무력으로 통일함으로써 통일과정은 막을 내렸다.

예멘의 통일과정은 통일의 기반이 마련되지 않은 상태에서 실재하는 힘의 관계를 반영하지 않는 합의형 대등통합이 얼마나 취약한지를 극적으로 보여주고 있다. 통일과정이라는 것이 현실적인 권력투쟁의 속성을 부인하고 이상과 명분만으로 추상화되어 존속할 수 없음을 보여주는 것이기도 하다. 현실의 정치적 다이나믹스를 제대로 반영하지 못하고 1:1 대등통합에 합의한 1990년 5월 22일 통일선포는 그래서 본격적인 정치동학이 반영되는 통일과정의 시작일 뿐, 이후의 정치적 통합을 보장하지 못하는 것이었다.

⑤ 독일과 예멘의 차이: 화해협력기간과 민주화의 필요성

독일과 예멘의 사례에서 보이는 역동적인 정치동학은 실제의 통일과정이 이성적이고 합리적인 설계와 구상만으로 진행되지 않음을 웅변으로 증명하고 있다. 베를린 장벽 붕괴 이후 동서독 정부와 정당 및 시민사회는 일정한 공존을 허용하는 과도기를 상정했고 통일의 급격한 구심력보다는 평화공존의 원심력이 보장되는 통일접근을 시도했다. 그러나 실제 통일과정은 동독 주민의 강력한 통일 요구와 이를 그대로 반영한 자유선거의 결과로 조약공동체나 국가연합 등의 과도적 공존 기간이 과감히 생략된 채 곧바로 동독 해체와 서독으로의 편입이라는 흡수통일 방식으로 결론 나고 말았다.

예멘 역시 합의에 의해 1:1 방식의 대등한 통합을 이뤄냈지만 이후 통일과정은 정치 엘리트들의 타협을 무색하게 만들었다. 공존의 기간으로 설정한 과도기는 오히려 남북의 갈등을 온존시키는 역할을 했고 남과 북의 기득권을 일정하게 보장해주는 대등통합마저도 총선 이후에는 힘이 우세한 북예멘 쪽으로 권력이 집중될 수밖에 없었다. 평화적인 합의방식으로 시작한 예멘의 통일과정은 결국 국력에서 압도적으로 우위에 있는 북예멘의 정당이 통일 총선에서 1당과 2당을 차지함으로써 남예멘의 재분리 시도와 상호 내전이라는 최악의 과정을 겪고서야 무력통일로 귀결되고 말았다. 독일과 예멘 모두 일단 통일과정이 시작되면 단계적이고 점진적인 과도적 공존은 현실에서 불가능함을 입증하고 있는 것이다.

또한 독일과 예멘의 사례는 통일과정의 정치적 다이나믹스가 철저히 힘의 관계를 반영할 수밖에 없음도 드러내고 있다. 민주화 시위로 동독 공산당이 무력화되고 '사회주의는 이제 그만'이라는 시위대의 외침이 전면적 지지를 받으면서 동독 최초의 민주선거는 서독 정당과 손잡은 독일연합(AD)과 사민당이 1당과 2당을 차지했다. 동독 사회주의의 해체와 서독 자본주의로의 편입을 압도적으로 선택한 동독의 선거 결과에 따라 이후 양독의 통일과정은 동독의 집권당인 기민당과 서독의 집권당인 기민당의 합의로 이뤄질 수 있었다.

예멘 통일과정의 정치동학이 현존하는 정치적 역관계를 반영했음은 더욱 극명하다. 남북의 정치 엘리트들이 자신의 권력기반을 온존시키는 1:1의 대등통합을 합의했지만 이는 결코 실제 통일과정에서 지속될 수 없었다. 북예멘에 엄존하는 반사회주의 성향의 보수 부족세력의 정치적 기반은 정치적으로 무시될 수 없었다. 엘리트 간의 파워게임으로 도출된 1:1 권력안배는 북예멘의 보수세력을 정치적으로 배제했지만 실제 통일과정의 정치동학은 정확하게 힘의 관계를 반영함으로써 정치권력에서 우위에 있는 북예멘 주도의 통일과정이 진행되고 말았다. 옳고 그름을 떠나 현존하는 국민의 지지와 정치적 역관계가 어김없이 통일과정에 드러나고 만 것이다.

비슷한 시기에 역동적인 통일과정을 경험한 독일과 예멘의 사례가 극명하게 갈리는 부분은 바로 평화적 방식의 중요성이다. 통일의 본질이 흡수인 만큼 독일과 예멘 모두 일방의 체제가 사라지는 소멸과 흡수의 방식이었지만 통일 이후 유럽경제의 견인차가 된 독일과 지구상 최대의 재앙국가가 된 예멘의 운명을 가른 것은 흡수통일이 평화적이었는가? 폭력적이었는가?의 갈림길이었다. 통일이 흡수이지만 그 방식이 평화적 흡수통일이어야만 진정 통일은 재앙이 아니라 축복이 되는 것임을 극적으로 입증하고 있는 것이다.

독일이 예멘과 다르게 무력적 방식이 아닌 평화적 방식의 통일을 달성할 수 있었던 것은 20년에 걸친 꾸준한 화해협력 정책의 산물이었음을 부인하기 힘들다. 이질적 분단체제 간의 지속적인 교류와 협력 과정이 독일은 20년간 지속되었지만 예멘은 사실상 1988년 이후 2년 정도에 불과했다. 통일 이전 축적된 양측의 화해협력 과정은 실제로 통일과정에서의 정치적 역동성에도 불구하고 평화적이고 합리적인 방식으로 통일을 이루는 밑천이 되었다.

또한 동독과 예멘의 차이를 결과한 원인에는 동서독의 민주주의가 남북예멘의 민주주의보다 훨씬 진전되고 확고했기 때문이기도 하다. 서독의 민주주의는 유럽의 모범이 될 정도로 이미 분단하에서도 높은 수준으로 공고화되었고 따라서 통일과정의 정치적 다이나믹스에서도 동독의 정치적 결과를 존중하고 받아들이는 '관용성'이 보장되어 있었다. 서독 정치세력 그 누구도 동독에 공산당 후신이 민사당으로 남아 있는 것을 부인하거나 적대하지 않았고 동독 주민들의 급격한 통합 주장에 정면으로 반대하지 않았다. 이는 분명 독일의 통일과정을 평화롭게 만든 중요한 원인의 하나였다.

동독 역시 사회주의 해체와 민주화 과정을 거치면서 신속하게 민주주의로의 전환을 이룰 수 있었던 점이 예멘과 달리 무력적 방식이 아닌 평화적 방식의 통일을 가능하게 한 원인이 되었다. 동독의 사회주의 체제가 완전 해체됨으로써 향후 진행된 서독 우위의 흡수통일 방식에 이의를 제기하는 동독의 지배 엘리트나 기득권 세력이 존재하지 않았기 때문이었다. 민사당이나 구공산당 잔존 세력이 서독으로의 완전 흡수 방식을 거부하고 저항하고 적대하지 않았음은 분명 독일통일의 평화로운 경로를 보장해준 중요 요인이었다.

이와 비교해본다면 예멘은 남과 북 모두 민주주의가 일천하고 민주화가 미흡한 상태에서 각각의 권력 엘리트들이 자신의 기득권과 권력기반을 포기하지 않음으로써 적대와 혼란 그리고 재분리와 내전이라는 최악의 통일과정을 노정했다고 볼 수 있다. 우선 남예멘 스스로 완전 민주화되기 전에 권력 엘리트들의 지배력을 보장해주는 대등통합에 합의함으로써 통일 이후 선거 결과를 쉽게 받아들이지 못하게 만든 측면이 있었다. 민주화되지 못한 정치체제하에서 지배권력의 타협과 담합만으로 통일을 합의해놓고 이후 선거 결과에서 애초의 권력안배가 깨짐으로써 내전이 발발하게 된 셈이었다. 만약 동독처럼 남예멘의 사회주의가 민주화 과정과 대규모 시위를 통해 완전 해체되었더라면 통일과정에서 표출된 선거 결과를 남예멘이 거부할 수 없었을 것이다.

이는 북예멘도 마찬가지였다. 민주화가 미흡한 상태에서 덥석 합의된 통일은 이후 총선을 통한 정치동학에서 비민주적인 정치세력의 힘이 그대로 온존하게 했고 그것이 결국은 남북의 합의통일을 무산시킨 정치적 혼란의 단초가 되었다. 즉 북예멘의 보수 부족세력이 그대로 남아 통일총선에서 예멘사회당을 제치고 2당이 됨으로써 남북의 통일과정은 평화로운 경로를 포기해야만 했다. 북의 이슬람개혁당은 원리주의에 입각한 반사회주의 정당이자 반(反)남예멘 세력이며 따라서 남측과의 대등한 합의통일을 처음부터 완강하게 거부했던 정치세력이다. 당연히 이슬람개혁당의 정치적 존재는 남예멘과의 평화적 통일을 불가능하게 하는 걸림돌일 수밖에 없었다. 서독처럼 동독의 구공산당과 민사당의 존재마저 관용해내는 성숙한 민주주의가 부재한 탓에 예멘은 불가불 무력적이고 폭력적인 방식으로 통일과정을 진행하게 된 것이다.

⑥ 한반도식 평화적 흡수통일의 필요조건들

한반도식 통일과정을 상정해본다면 북한의 변화를 목표로 점진적 평화통일을 추진하되 어느 시점에서 붕괴 이후 급격한 흡수통일을 준비하는 것이 가장 현실에 접근하는 경로일 것이다.

북한의 연착륙을 전제로 남북 합의의 대등통합이라는 통일과정을 거치게 될 경우, 우리는 예멘의 사례를 반면교사로 삼아 결코 예멘식의 오류를 반복해서는 안 된다. 준비되지 않은 합의통일, 힘의 관계를 반영하지 못하는 합의통일, 남북의 비민주적 요소를 잔존시켜 갈등과 대립의 씨앗을 배태한 합의통일은 반드시 막아내야 한다.

북한의 경착륙을 전제로 붕괴 후 흡수통일이라는 통일과정을 상정할 경우, 우리는 또한 독일의 사례를 타산지석으로 삼아 반드시 평화적이고 정의로운 통일을 성취해야 한다. 독일이 무력이 아닌 평화적 방법으로 통일을 완성한 것은 오랜 기간의 화해협력이 동독 주민의 자발적 선택을 가능케 했고 동독의 민주화와 서독의 민주주의 성숙이 급격한 통합요구라는 통일과정의 역동성을 수용했기 때문이다.

결국 한반도식 통일과정이 평화적 흡수통일의 원칙을 견지하려면 무엇보다 본격적인 통일과정 진입 전에 되도록 오랜 평화공존과 화해협력의 준비과정을 착실히 준비해야 한다. 북한이 연착륙해서 합의통일의 가능성을 연다 하더라도 남북이 실제 통일에 합의하는 순간 급격하게 통합의 구심력이 작동하면서 매우 역동적인 통일과정의 정치동학이 진행될 것이다. 마찬가지로 북한의 급변사태 이후 흡수통일의 경로가 시작된다 하더라도 급격한 통합의 구심력이 일방의 해체와 파괴에 의한 타방의 압도적 덮어씌우기라는 폭력적 방식으로 흐르지 않기 위해서는 통일과정의 본격화 이전에 남북이 상호 인정과 상호 이해의 훈련과정을 경험하고 축적해야 한다.

독일과 예멘의 차이에서 알 수 있듯이 급격한 통합의 구심력과 힘의 관계를 반영하는 정치적 역동성이 불가피하다 하더라도 남북의 통일과정이 예멘식의 재분열과 무력통일이라는 최악의 경로를 피하고 독일식의 동독의 자유선택에 의한 평화로운 흡수통일 방식으로 진행되려면 무엇보다 오래되고 일관된 화해협력과 평화공존의 준비과정이 반드시 필요하다.

　이른바 붕괴 후 흡수통일로 분류되는 독일의 경험이 화해협력에 의한 점진적 통일방식과 역사적으로 결합되어 있음을 놓쳐서는 안 된다. 독일통일을 붕괴에 의한 흡수통일 방식으로만 규정한다면 그것은 절반의 분석에 그친다. 1989년 베를린 장벽 붕괴와 1990년 동독의 자유선거 그리고 동서독 통합 과정은 분명 붕괴 후 흡수방식에 해당된다. 그러나 베를린 장벽 붕괴 이전의 20여년에 걸친 교류접촉과 화해협력의 동방정책이 없이 하루아침에 동독이 붕괴하고 흡수통일될 수는 없었다. 동독이 서독으로 공식 편입되는 1990년 10월의 '사건'에 도달하기 위해서는 동방정책 추진 이후의 활발한 교류협력과 자유왕래라는 긴 통일과정을 겪었음은 두말할 나위가 없다. 동독이 붕괴되고 주민들의 자유의사에 의해 서독으로의 편입을 결정할 수 있었던 것 역시 20여년 동안의 '접근을 통한 변화' 즉 동방정책이라는 화해협력 정책의 성과였다. 화해협력이라는 준비기간이 지속됨으로써 비로소 붕괴 후 평화적 흡수통일이라는 통일의 결과를 가능하게 한 것이었다.

따라서 한반도식 통일과정에서는 어떤 경로를 상정한다 하더라도 화해협력과 평화공존을 지속하는 것이 필요하다. 이른바 '개입정책(engagement)'에 의한 화해협력의 증진과 남북관계의 개선을 통해 상호 존중과 평화 공존의 바탕을 튼튼히 하고 동시에 같이 살 수 있는 공동체로서의 통일을 준비하는 차원에서 남과 북 모두 상호 변화의 과정을 경험해야 한다. 상호 인정과 공존 그리고 상호 변화의 역사적 경험을 공유하지 않는다면 실제 통일과정에 진입했을 때 급격한 통합의 구심력은 적자생존의 정글 법칙에 따라 힘의 우위에 따른 폭력적 통일로 진행될 것이기 때문이다. 한반도식 통일과정이 평화적 흡수통일로 진행되기 위해서는 불가불(不可不) 화해협력과 평화공존의 장기적 훈련과정이 전제되어야 한다.

평화적 흡수통일을 위한 한반도 통일과정의 필요조건으로는 또한 남북의 상호 민주화를 아무리 강조해도 지나치지 않을 것이다. 우선 점진적 평화공존 기간 동안 북이 높은 수준의 체제전환을 수반해야 한다. 폐쇄적인 사회주의 계획경제를 혁파하고 수령독재의 유일체제가 민주화되어야 한다. 정치적·경제적으로 북한 사회주의가 체제전환에 나서야만 막상 연착륙에 의한 합의통일로 통일과정이 시작되든 혹은 경착륙에 의한 급격한 통일과정이 시작되든 북한 주민의 자유의사가 온전하게 표출되고 반영되는 정치동학이 가능할 것이기 때문이다. 더불어 정치동학의 결과를 그대로 받아들이기 위해서는 북한의 정치엘리트들이 현저히 약화되는 과정을 거쳐야 한다. 예멘처럼 민주화되지 못한 채로 남북에 상호 적대의 정치세력이 온존하는 한 정치적 다이나믹스의 결과로 자유선거가 실시된다 해도 폭력적인 갈등이 재연될 수밖에 없다.

 북의 사회주의 체제전환이 필요한 것처럼 남에서도 원만한 통일과정을 방해할 극단적인 수구세력이 민주적 가치를 수용해야 한다. 민주주의가 공고화되면서 남한에서도 북의 존재를 받아들이고 이해하는 '관용성(tolerance)'이 자리 잡아야 한다. 독일통일이 피 흘리지 않고 평화적으로 진행될 수 있었던 데는 동독의 정치적 선택을 존중하는 서독 민주주의의 성숙이 중요하게 작용했다. 동독의 첫 자유선거에서 구공산당의 후신인 민사당은 16.4%의 득표율을 기록했고 서독 국민들은 그 선택을 존중하고 받아들이는 관용의 민주주의를 보여줬다. 북진통일과 고토회복이라는 대북강경론이 득세하고 백두칭송과 북한찬양에 사로잡힌 친북주장이 맞부딪치는 극단적 남남갈등 상황에서 과연 우리의 정치문화가 북한 주민의 정치적 선택을 평화적으로 수용할 수 있을지는 여전히 의문이다. 북예멘의 이슬람개혁당과 남예멘의 예멘사회당과 같은 맹목적이고 강압적인 수구세력이 정치적으로 일정한 기반을 잡고 있는 한, 어떤 통일과정에서도 그들의 정치동학은 평화적인 통일을 훼손하게 될 것이다.

결국 한반도식 통일과정에서는 점진적 평화통일이든 급격한 흡수통일이든 화해협력과 평화공존의 기간이 축적되고 공유되고 확산됨으로써 극단적 통일의 부작용을 최소화해야 할 것이다. 또한 한반도식 통일과정이 극단적 세력의 무분별한 대결과 적대에 의해 발목 잡히지 않기 위해서는 북한체제의 변화 및 기득권세력의 약화와 더불어 남한의 수구 강경세력의 민주화가 이뤄져야 한다. 즉 북한에 친남세력이 형성 확대되고 남한에 극단적 반북 및 친북세력이 약화되어야만 점진적 평화통일이든 급격한 흡수통일이든 적대와 대결의 통일과정을 피할 수 있을 것이다.

남북관계 중년부부론

① 대북강경도 대북포용도 남북관계 진전시키지 못했다

남북관계가 어렵다. 단지 어렵기만 한 게 아니고 아예 풀기가 어려워 보인다. 남북관계 개선의 의지를 갖고 노력하면 남북관계가 잘 될 거라고 생각하지만 현실은 그렇지 않다. 남북관계가 잘 풀리지 않아서 어려운 것보다 어떻게 풀어야 할지 잘 몰라서 더 어렵다. 사실 상황이 어려운 것은 어제오늘의 일이 아니다. 과거의 답을 손쉽게 대입하는 것은 이제 해답이 아니다. 답을 못 찾는 탓에 지금 남북관계가 어렵고 이를 제대로 풀기는 더 어렵다.

 탈냉전 이후 십수년을 지나면서 남북관계도 우여곡절과 롤러코스터를 겪었고 이제 남북관계의 정답은 이것도 저것도 어려운, 마땅한 답을 찾기 힘든 상황이 되어 버렸다. 무작정의 강경기조와 압박 정책은 북을 변화시키지도 굴복시키지도 혼내주지도 못한 채 상대에 대한 적개심과 분노만 극대화시켰다. 선의에 기초한 화해협력 정책은 북의 근본적 변화를 견인하지 못한 채 김정은에게 모욕과 조롱을 당하면서 북에 대한 염증과 혐오만 증대시켰다.

보수 정부의 대북 강경정책은 북의 조기붕괴를 기정사실화하면서 관계 개선이나 대화 재개가 오히려 북의 숨통을 연장시켜준다는 정서에 기반했다. 제재와 압박으로 북이 굴복할 것이라고 쉽게 자신했다. 그러나 북한은 오히려 대북 강경정책에 대응하면서 남쪽의 지원 없이도, 남북관계를 통한 도움 없이도 스스로 살 수 있는 방법을 찾았고 자생력을 키울 수 있게 되었다. 맹목적인 대북강경이 돌이키기 힘든 감정의 상처만 남긴 채 아무런 성과도 없이 남북관계를 최악으로 만들어 버린 것이다.

진보 정부의 대북정책은 지속적인 화해협력을 통해 북한의 변화를 이끌어내고 한반도 평화를 증진시킬 수 있다는 선의의 낙관론에 기반했다. 김대중 노무현 정부 시기에 수많은 남북대화가 진행되고 굵직한 경협사업이 진전되고 각종 교류협력이 지속되었지만 그럼에도 불구하고 여전히 남북관계는 취약했다. 핵문제는 악화되었고 남북의 정치군사적 대결은 쉽사리 해소되지 않았다. 남북관계는 쉽게 강경 대결로 돌아섰고 남북의 화해협력은 모래성처럼 무력화되기 일쑤였다. 문재인 정부 이후 야심차게 남북정상회담을 개최하고 화해협력의 의지로 일관했지만 남북관계는 여전히 요지부동이다. 합의만 있을 뿐 이행은 없고 회담은 있지만 성과는 없다. 화해협력의 의지만으로 남북관계를 진전시키고 북의 변화를 이끌어내는 건 애초에 불가능한 것이었는지도 모른다.

대북강경과 대북포용이 다들 한계에 봉착했던 핵심적인 원인은 둘 다 자기만의 '주관적 희망(wishful thinking)'에 머물러 있었기 때문이다. 대북정책은 본시 지구상에서 가장 다루기 어렵고 예측하기 힘들고 유별난 특성을 지닌 북한이라는 상대방을 대상으로 하는 '상호 게임'이다. 혼자 결정하고 혼자 결과를 예측하고 혼자 마무리하는 독자 플레이어 게임이 아닌 것이다. 과거회귀적 대북강경과 과거지향적 대북포용은 또다시 '주관적 희망'만을 앞세운 단독 게임으로 승부를 보자는 주장에 다름 아니다.

대북강경이 비현실적임은 압박하고 봉쇄하고 관계를 중단하면 북이 우리가 원하는 대로 굴복하고 변화하고 기어 나올 것이라는 '주관적 기대'에 쉽게 들떠 있었기 때문이었다. 북은 믿을 수 없고 믿어서도 안 되는 상대이기에 오로지 압박과 봉쇄만이 악당 북한을 굴복시킬 수 있다는 자기 확신의 연장이었다.

　문재인 정부의 대북포용이 비현실적인 이유도 대북강경에서 벗어나 대북화해의 의지만 일관되게 유지한다면 북이 남북관계 개선에 호응하고 화해협력이 진전될 것이라고 쉽게 믿었기 때문이다. 우리만 마음먹으면 남북대화가 성사되고 남북이 교류하고 협력하고 관계를 개선하면 북이 우리가 원하는 대로 변화하고 나아질 수 있다는 '주관적 기대'에 쉽게 의존했기 때문이었다. 북한과 잘 지낼 수 있고 언젠가 북도 선하게 변화할 수 있다고 믿었기에 꾸준히 화해협력하고 관계를 개선하면 나그네 북한을 올바른 방향으로 이끌 수 있다는 주관적 기대의 논리였다.

　결국 진보 정부의 화해협력 정책도, 그렇다고 보수 정부의 대북 강경정책도 남북관계를 획기적으로 진전시키지 못한 게 현실이 되었다. 강경과 대결, 포용과 화해를 겪었던 우리 국민들도 이제 일도양단의 단순한 취사선택이 쉽지 않음을 인식하게 되었다. 변화된 정세와 변화된 환경 그리고 변화된 조건에 맞는 그야말로 '변화된 대북 접근'이 필요하고 '새로운 남북관계'가 필요한 때가 되었다.

다시 북을 압박해야 한다 해도 무식하게 현실감각 없이 해서는 안 된다. 다시 포용해야 한다 해도 순진하게 선의에만 입각해서는 별 성과가 없다. 맹목적인 대북강경으로의 '과거 회귀'는 결코 용납될 수 없다. 성공할 수도, 효과를 볼 수도 없음이 이미 입증되었다. 마찬가지로 무조건적인 대북포용으로의 '과거 지향' 역시 꼼꼼히 따져봐야 한다. 지난날의 화려했던 추억으로 무작정 돌아가자고 주장하기가 어려운 현실이 되었다. 대북강경과 대북포용의 한계를 담담하게 수용하고 변화된 현실에 맞는 새로운 남북관계 해법을 새롭게 모색하고 찾아봐야 한다.

대북강경이나 대북포용 모두 남북관계를 뚝딱 만들어내는 요술방망이가 아니다. 때로는 대화가 필요하고 때로는 압박도 긴요하지만 대북포용과 대북강경을 다 겪으면서 실패를 목도한 지금에는 대북정책을 취사선택의 문제가 아니라 남북관계 자체의 근본적 특성에서부터 시작해봐야 한다. 올바른 대북정책을 도출하려면, 성공적인 대북정책을 관철하려면 이제 포용이냐 강경이냐의 문제가 아니라 남북관계의 본질에서부터 새롭게 출발해야 한다.

② 탈냉전 이후 남북관계: 잘 안 되는 게 오히려 정상

 탈냉전 이후 남북관계는 한마디로 '우여곡절'이라고 요약할 수 있다. 순탄대로도 아니었고 악화일로도 아니었다. 조금 진전되다가 경색되고 다시 퇴보하다가 조금 개선되는 그야말로 우여곡절의 남북관계였다.

 우여곡절의 남북관계가 갖는 첫 번째 특징은 진전과 퇴보를 거듭하는 가다서다의 반복이라는 점이다. 대화가 잘되어 관계가 나아지다가도 돌발상황이나 쟁점부각으로 인해 다시 역으로 후퇴하는 경우가 다반사였다. 그야말로 가다서다, go and stop의 연속이었다.

 노태우 정부 시절 남북은 오랜 협상 끝에 남북기본합의서를 채택했다. 문건의 내용은 지금 봐도 손색없는 남북관계 미래 모습의 모범답안이었다. 그러나 합의서 잉크도 마르기 전에 이른바 북핵문제의 대두로 남북관계는 경색되고 말았다. 김영삼 정부도 민족이 동맹보다 낫다며 대북 쌀지원을 결정했지만 정작 쌀지원 과정은 인공기 게양문제와 선원 억류 사건이 불거지면서 상호 불신과 적개심만 증폭시키고 말았다.

 본격적인 화해협력이 시작되었던 김대중 정부조차도 사실은 역사적인 관계개선에도 불구하고 2001년 초에 장관급 회담이 결렬되어 남북관계가 일시 중단되었고 급기야 대북 특사 방북을 통해 관계 정상화가 이뤄졌다. 노무현 정부 역시 북핵에도 불구하고 남북관계가 지속되었지만 2004년 해외 탈북자 대거입북 문제로 북이 반발하면서 장관급 회담이 중단되었다가 2005년 6.17면담으로 가까스로 재개되었다.

이명박 정부도 전반적인 관계 경색의 와중에서 2009년 하반기 남북정상회담 논의가 진행되기도 했고 임태희 - 김양건 회동을 통해 정상회담 합의까지 이르렀지만 결국 합의는 번복되었고, 금강산관광 회담 결렬 이후 북이 천안함 사태와 연평도 포격을 도발함으로써 남북관계는 완전 중단되었다. 박근혜 정부 역시 개성공단 중단 등 기싸움을 벌이다가도 공단 재가동에 합의하는가 하면 고위급 접촉 성사를 통해 이산가족 상봉도 성사되었지만 급기야 북의 핵실험 강행으로 개성공단을 스스로 폐쇄하면서 남북관계는 돌이키기 힘든 상황으로 치달았다.

햇볕정책의 신봉자였던 문재인 정부 역시 평창 프로젝트를 계기로 3차례의 남북정상회담과 2차례의 북미정상회담을 성사시키고 감동과 설렘의 남북관계를 기대했지만 하노이 북미정상회담 결렬 이후 북미협상은 제자리고 남북관계는 사상 최악으로 돌아가고 말았다.

화해협력을 중시하는 정부든, 대북강경을 불사하는 정부든 탈냉전 이후 남북관계는 한번도 순탄하게 관계 개선이 지속되지 못했다. 그야말로 진전과 퇴행을 반복하는 가다서다의 지속이었던 셈이다.

우여곡절의 남북관계 두 번째 특징은 화해협력과 불신대립이 병행했다는 점이다. 남북관계 개선과 함께 민족화해가 증진되고 경제협력이 증대되고 사회문화적 교류가 부쩍 늘어난 것도 사실이다. 필자도 금강산과 개성을 제외하더라도 평양과 백두산 등 북한을 방문한 것만도 10여 차례가 넘는다. 남북관계 개선의 국면에서 초기에 민족의 화해와 신뢰가 증대된 것은 분명한 사실이었다.

그러나 관계 개선으로 화해협력이 증진되는 동시에 상호 불신과 갈등도 지속되었다. 민족공동행사를 위해 매번 평양을 방문하고 북측이 남측을 방문했지만 6.15와 8.15를 기념하기 위한 남북공동행사는 항상 막판까지 줄다리기 협상과 밤샘 버티기 그리고 티격태격의 연속이었다. 동포를 만나는 설렘과 가슴 벅참도 행사를 준비하고 진행하는 측에서는 매번 피로감과 괴로움으로 다가왔다. 만날수록 북측과의 이질감이 커지고 서로 체제를 지키려는 완고한 정치의식이 불거져 나오면서 남북의 만남은 오히려 감동과 기쁨보다 기싸움의 성격이 강하기도 했다.

남북 간 갈등과 불신이 지속되는 것과 함께 남북관계 개선은 우리 내부의 남남갈등 증폭이라는 예기치 못한 부작용을 낳고 말았다. 냉전시대에는 대북정책을 둘러싼 우리 내부의 남남갈등은 사실 존재하지 않았거나 표면화되지 않았다. 그러나 탈냉전 이후 남북관계 개선은 우리 내부에 대북정책을 둘러싼 팽팽한 이념대립과 노선갈등을 유발시키고 말았다. 남북관계의 우여곡절은 화해협력과 불신대립이 남북 사이에 그리고 남남 사이에 지속적으로 동시 진행되었던 셈이다.

남북관계가 우여곡절을 겪었다는 세 번째 특징은 합의와 불이행의 롤러코스터가 지속되었다는 점에서도 잘 드러난다. 그동안 남북관계는 어렵게 도출한 합의 이후 온전한 이행이 한번도 없었다. 남북정상회담마저도 합의사항은 실제로 이행되지 못했다. 굵직한 합의만도 기본합의서, 비핵화공동선언, 6.15공동선언, 10.4정상선언, 판문점 정상선언, 9.19평양정상선언 등은 지금 휴지조각이 되었거나 되살리기도 힘든 현실이 되고 말았다. 이외에도 각종 실무회담에서 합의된 수많은 다양한 합의서와 문건들은 고스란히 통일부 자료집에만 부록으로 정리되어 있을 뿐이다. 합의해놓고 이행되지 못하는 것이 오히려 정상으로 받아들여지는 역설적 현실이 바로 지금까지의 우여곡절의 남북관계를 그대로 드러낸다.

탈냉전 이후 남북관계는 화해협력과 대화진전 등의 긍정적 기억도 있지만 냉정하게 객관적으로 점검해보면 가다서다와 화해와 불신, 합의와 불이행의 롤러코스터를 타면서 결국은 잘 안 되는 게 정상으로 인식되기도 한다. 냉전구조만 사라지면, 화해협력의 의지만 있으면, 남북관계가 잘 될 거라는 기대와 믿음 자체가 사실은 냉정한 과거 경험을 반추해보면 우리만의 과도한 신화였는지도 모른다. 객관적 정세구조와 상관없이, 주체적 의지노력과 관계없이 남북관계는 애초부터 어렵고 힘든 것이 정상이었던 것이다.

③ 남북관계의 구조적 딜레마: 힘으로 정의되는 남북관계

그럼 왜 이다지도 남북관계의 진전이 어려울까? 탈냉전 이후 남북관계는 단속적이지만 경향적으로는 발전해왔다. 진통을 겪으면서도 꾸준히 나아진 것도 사실이다. 수많은 회담을 개최했고 적잖은 합의를 도출했고 꽤 많은 문서를 만들어 냈다. 그러나 남북관계는 여전히 경색되고 정체되고 전망마저 오리무중이다. 지난 시기 우여곡절의 남북관계를 반성적으로 회고하면서 지나친 낙관과 성급한 비관을 넘어서서 실현가능한 남북관계의 진전을 이루기 위해선 우선 남북관계의 근본 속성에 대해 깊이 성찰해봐야 한다. 남북관계에 깊이 내재하고 있는 구조적 속성 특히 어렵고 힘들 수밖에 없는 '구조적 딜레마'를 뼈아프게 인식하고 전제해야 한다.

남북관계를 어렵고 힘들게 하는 근본 딜레마는 바로 남북관계가 '힘'으로 정의되는 근본 속성을 갖고 있다는 점이다. 남북관계의 본질은 힘의 관계인 것이다. 남북관계의 본질은 결코 선의의 관점, 즉 화해와 협력과 존중으로 정의되지 않는다. 결과적으로 남북관계는 성선설보다는 성악설에 가까움을 인정해야 한다. 힘의 관계가 엄연한 현실인데도 이를 경시하거나 도외시한다면 지나친 낭만주의와 감상주의로 흐르게 되고, 반면에 힘의 관계에 매몰된 나머지 관계개선이라는 가능성을 아예 포기하고 힘으로만 상대를 제압하려 한다면 이 역시 북한붕괴론과 실지회복론에 빠지게 된다.

하나였다가 둘로 나눠진 분단의 쌍방은 기본적으로 힘의

관점에서 관계가 형성될 수밖에 없다. 그 때문에 남북관계는 기본적으로 상대방을 힘으로 제압하고 힘으로 흡수하려는 속성을 가질 수밖에 없다.

냉전시기 상호 적대와 대결의 남북관계는 두말할 필요도 없이 힘으로 상대를 제압하고 힘으로 상대방에게 제압당하지 않으려는 힘의 관계였다. 탈냉전시기의 화해협력도 사실은 남북관계의 근본 속성이 힘의 관점에서 작동되었음을 부인할 수 없다. 여전히 힘의 우위에 있는 측이 힘의 열세에 놓인 측을 흡수하려는 것이었다. 냉전시기 북한의 대남 적화통일이 당시 힘의 우위에 있던 북이 열세에 놓인 남을 공산화하려는 것이었다면, 탈냉전 시기 한국의 대북 개입정책도 근본은 화해협력을 통해 한반도를 평화적으로 관리하면서 북한을 변화시켜 결국은 우리가 주도하는 통일을 이루기 위한 전략적 접근이었다. 햇볕정책의 창시자인 김대중 대통령도 사석에서는 햇볕정책을 '트로이의 목마'로 비유한 적이 있었다. 햇볕정책을 정면으로 비난하며 추진했던 보수 정부의 대북 강경정책 역시 힘의 우위 입장에서 북을 굴복시키려는 압박과 봉쇄의 접근방법이었다. 접근방법의 차이가 있을 뿐 상대를 제압하고 흡수하려는 최종 목표에서는 다를 바가 없었다.

이처럼 남북관계 진전이 어려운 가장 근본적 문제점은 힘의 우열관계에 놓여있는 현실에서 비롯된다. 분단으로 인해 남과 북은 상대방을 타도와 적대의 대상으로 자리매김하고 이를 자신의 내부통치에 활용해왔다. 강요된 분단이었기에 남과 북은 언제나 상대방을 자기 체제로 인입하고 흡수하려는 강력한 의지를 일관되게 가질 수밖에 없었다.

따라서 체제 우위에 있는 쪽은 언제나 열세에 놓인 상대방을 통일하려 하고 반대로 힘의 열세에 놓인 쪽은 어떻게든 우위의 상대방의 영향으로부터 벗어나려 할 수밖에 없다. 1970년대까지 북이 남쪽을 공세적으로 적화통일하려 했던 것은 그래서 오히려 자연스러운 일이었다. 마찬가지로 1990년대 이후 체제경쟁에서 승리한 남쪽이 사상 최대의 체제위기에 봉착한 북한을 흡수하려 했던 것 역시 누구도 말릴 수 없는 것이었다. 더불어 열세에 놓인 쪽이 어떻게든 상대방에게 흡수되지 않기 위해 안간힘을 쓰고 체제유지에 나서는 것 역시 당연지사였다.

탈냉전 이후 남북관계가 화해협력의 계기를 마련했지만 지금까지 우여곡절의 남북관계를 보일 수밖에 없는 가장 근본적 문제점은 바로 여기에서 비롯된다. 즉 분단의 속성상 힘의 우열관계는 우위의 체제가 상대방을 흡수하려 하고 열세의 체제는 안간힘을 다해 체제를 유지하려는 근본 속성을 가질 수밖에 없기 때문에 남북관계는 티격태격 우여곡절의 힘겨루기에서 벗어나기 힘든 것이다. 북한에게 남북기본합의서는 사회주의 붕괴 이후 체제위기를 맞아 어떻게든 자신의 체제를 흡수통일로부터 지켜내려는 전략적 발로였고, 반대로 남한에게 기본합의서는 화해협력을 내세워 북한을 변화시켜 남한과 동일한 체제로 흡수하기 위한 전략을 숨기고 있었던 것이 사실이다. 기본합의서라는 모범답안을 만들어 놓고도 결국 현실의 남북관계에서 휴지조각이 된 것도 힘의 관계라는 본질적 속성 때문이었다.

김대중 정부의 대북 포용정책도 힘의 우열관계에서 북한을 개혁개방으로 이끌고 옷을 벗겨서 한국 주도의 평화통일을 이루려는 것이었음을 부인하기 힘들다. 힘에서 밀리는 북한은 '우리민족끼리'와 '민족공조'를 내세우지만 이 역시 전략적 의도는 한국으로부터 얻을 것은 얻되 북한체제를 위협하게 하는 체제영향력을 최대한 차단하면서 남측의 흡수통일 공세를 막아냄으로써 체제를 유지하려는 것이었다. 정상회담이 성사되고 남북공동선언이 도출되어도 힘의 우위와 힘의 열세 사이에 기본적으로 존재할 수밖에 없는 구조적 길항관계가 작동할 수밖에 없었고, 한쪽은 끌고 가려 하고 다른 한쪽은 결코 끌려가지 않으려는 속성 때문에 화해협력의 시기에도 남북관계는 항상 순탄할 수 없었다. 우여곡절의 남북관계일 수밖에 없었던 셈이다.

결국 남북관계는 흡수하려는 한쪽과 절대 흡수당하지 않으려는 한쪽의 힘의 작용이고 그렇기 때문에 남북관계는 힘에 의해 한쪽이 완전히 무너지지 않는 한, 대화를 통해 관계개선이 순탄하게 이뤄지기 힘든 구조적 딜레마를 갖고 있는 셈이다. 기실 햇볕정책이라는 자유주의적 접근도 체제 우위에 선 남측이 자신감을 갖고 북에게 화해협력과 평화공존을 내세우는 것이고 경협과 교류를 통해 북의 대남 의존을 더욱 심화시킴으로써 북한의 체제변화를 유도하고 결국은 자유민주주의로의 평화통일을 이루려는 전략적 접근이고 보면 그 바탕에는 힘의 관점에 의거한 '현실주의'가 토대하고 있음을 알 수 있다. 결국 남북관계의 본질은 힘의 관점에서 정의되는 현실주의인 것이다. 그래서 본질적으로 갈등의 속성을 가질 수밖에 없다.

④ 분단체제와 정전체제라는 구조적 길항성(rivalry)

힘의 관점에서 정의되는 남북관계, 즉 일방이 타방을 흡수하려 하고 반대로 상대는 결단코 체제를 유지하려고 하는 역관계가 바로 남북관계의 본질임은 결국 갈등을 전제로 하는 것이다. 본시 남북관계는 힘의 우위와 열세의 딜레마 속에서 상호 갈등을 내재적 속성으로 갖고 있는 셈이다. 그리고 이 같은 남북의 길항성을 구조화하고 재생산하는 토대는 바로 분단체제와 정전체제라는 시스템이다.

한반도가 갈등의 씨앗을 배태하고 있음은 바로 정전체제라는 군사적 대치 상황이 극적으로 입증한다. 남북은 전쟁을 공식 종료하지 않고 일시 중단하고 있는 상태이고 따라서 정전체제하에서는 언제라도 군사적 충돌이 발생하고 국지전이 재개될 수 있다. 간헐적으로 반복되는 남북의 군사적 충돌과 북의 도발 역시 정전체제의 불안정성에서 비롯된다. 서해교전과 연평해전, 천안함 사태와 연평도 포격 등은 사실상 전투행위였다.

전쟁을 일시 중지하고 있는 한반도 정전체제는 그 자체로 남북관계 갈등의 구조적 토대인 셈이다. 김대중 정부 시기부터 이른바 '정경분리' 원칙을 내세워 정치군사적 갈등과 상관없이 경제협력을 지속적으로 일관되게 진행하려고 노력했지만 결국 군사적 긴장과 충돌은 남북관계를 교착시키고 경제협력을 방해할 수밖에 없었다. 박근혜 정부 시기의 개성공단 중단사태가 극적으로 입증하는 것이다. 대결상황에서도 온전하게 지켜질 것으로 믿었던 개성공단마저도 정치적 갈등과 북핵문제 악화로 인해 공단폐쇄를 결정만 하면 순식간에 경제협력의 생명력마저 끊기게 된다는 것을 실감나게 목도한 바 있다. 정전체제하에서 정경분리는 사실상 불가능함을 깨닫게 한 셈이다. 결국 정전체제의 군사적 대치라는 구조는 남북관계의 진전을 가로막는 구조적 장애물인 것이다.

남북은 서로 원치 않는 분단을 겪었고 따라서 상대방은 결코 태어나서는 안 될 정부였다. 상대방의 정치적 부인에 기초해서 각각의 정부가 출범할 수 있었다. 대한민국은 유엔이 승인한 한반도의 유일한 합법정부이고 조선민주주의인민공화국 역시 한반도의 유일 정통성을 자처하고 있다. 강요된 분단으로 탄생한 남과 북인 만큼 상대방을 정치적으로 부정하고 향후 통일은 반드시 자신의 정치적 정당성이 확대되는 방향으로 진행되어야만 했다. 적화통일과 흡수통일은 각각 상대방을 정치적으로 소거하는 통일노선일 수밖에 없었다.

분단체제하의 남북관계는 결국 남과 북의 정치적 적대와 대립을 구조적 토대로 하고 있었던 것이다.

화해협력의 시기에도 북이 포기하지 않고 일관되게 제기했던 '4대 근본문제'는 남북관계가 아무리 진전되어도 해결하기 어려운 정치적 숙제들이었다. 국가보안법 폐지, 한미군사훈련 중단, NLL 재설정 등은 원래 어려운 이슈라 치더라도 북이 제기한 4대 근본문제 중 그나마 상대적으로 용이한 이슈였던 '참관지 제한 철폐'마저도 사실은 남북의 오랜 정치적 적대관계에서는 수용할 수 없는 것이었다. 북을 정치적으로 부인한 토대에서 탄생한 대한민국이기 때문에 평양에 있는 혁명렬사릉과 애국렬사릉과 금수산기념궁전은 어떤 경우에도 참관을 허용할 수 없다. 경협이 가속화되고 사회문화교류가 증대되어도 정치적으로 민감한 이슈는 여전히 남북관계에서 풀기 힘든 장애물이다. 상대방을 정치적으로 용인할 수 없는 근본적 구조하에서 남북은 경제와 사회문화는 진전될 수 있을지언정 정치적으로 화해하고 협력하는 것은 사실상 불가능한 것이 되었다.

경제협력과 일회성 교류는 그나마 진행될 수 있지만 본격적인 관계개선을 위한 정치적 화해협력과 군사적 긴장해소는 힘과 힘이 부딪치는 남북관계의 속성상 여전히 넘기 어려운 벽이었다.

⑤ 북핵문제 악화와 상호 적대의식 강화

정전체제와 분단체제라는 정치군사적 대립은 탈냉전 이후에도 상황이 개선되기보다는 더욱 악화되었다. 힘의 관계라는 구조적 딜레마에 더하여 남북관계를 더욱 힘들게 하는 최대의 외적 요인은 바로 북핵문제의 악화이다.

한국전쟁 당시 교전 당사자였던 북한과 미국은 정전체제에 머물러 있는 조건에서 상호 적대관계를 지속하고 있고 북미 적대관계의 최악의 발현이 바로 북핵문제이다. 북한은 적대관계의 해소를 요구하며 핵무기 보유를 정당화하고 있고 반대로 미국은 북한의 핵실험과 핵보유 때문에 북한과의 관계 정상화가 불가능하다는 줄다리기가 바로 북핵문제의 본질이다.

결국 한반도 최대의 안보 이슈이자 대한민국의 최대 안보 위협인 북핵문제의 악화는 남북관계를 구조적으로 진전시키지 못하게 하는 조건이 되어버렸다. 북핵문제가 이제는 북한의 사실상 핵무기 실전배치와 미사일능력의 고도화로 치닫고 있고 이에 대해 한국과 미국은 킬체인과 한국형 미사일 방어와 사드 도입에 이어 전술핵무기 논의까지 진전되고 있다. 정전체제가 북핵문제를 낳고 그 북핵문제로 인해 지금 한반도는 사상 최대의 군비경쟁 모드에 돌입하고 있다. 상대의 군비증강과 자신의 군비증강이 상호 악순환되는 이른바 '안보딜레마'의 덫에 빠져들고 있는 셈이다. 남북관계가 잘 풀릴 수 없음은 당연하다.

정전체제가 북핵문제로 곪아 터지듯이 분단체제 역시 남북 상호 간 적대의식이 강화되는 추세다. 북은 남쪽을 향해 '역적패당'과 '삶은 소대가리'라는 조롱을 서슴지 않는다. 북한 주민들 역시 남북관계 중단과 기싸움이 지속되면서 남쪽에 대해 서운함을 넘어 모욕감을 느끼고 있다. 한국의 여론도 북에 대한 피로감에 더해 분노와 증오가 확대되고 북을 타도와 적대의 대상으로 인식하고 있다. 남북의 정치적 대결은 완화되고 해소되기는커녕 탈냉전 이후에도 오히려 각기 최고조의 정치적 증오와 대결로 심화되고 구조화되고 있다.

남북 상호 간의 정치적 적대성은 오히려 남북관계 중단과 피로감으로 인해 과거 냉전시기보다 훨씬 더 고질적으로 곪아 터지고 있다. 상대를 부정해야만 하는 분단체제의 정치적 대결이 북에 대한 증오를 넘어 이젠 우리 사회 안에서 종북몰이와 마녀사냥이 일상화되고 있다. 현실을 모르는 순진한 아줌마의 평양방문 경험담도 종북을 때려잡는 사냥꾼에겐 좋은 먹잇감이 되고 만다. 파워 인플루언서 기업 오너의 장난기 어린 '멸공' 놀이에 수많은 젊은이들이 동참하고 열광한다. 북한을 있는 그대로 이해하자는 주장도 정치적 사냥에 당하기 십상이다.

북한 역시 남북관계 악화를 거치면서 남쪽에 대한 적개심과 분노가 갈수록 증대되고 있다. 남한 대통령을 도저히 입에 담지 못할 욕설로 비하하고 폄하하는 것은 이제 그리 놀랍지도 않다. 식량지원과 인도적 지원이 중단된 이후로 북한주민들까지도 남쪽에 대해서는 원망을 넘어 적개심이 충만하다. 눈곱만큼 쥐여 주면서 온갖 멸시와 모욕감을 주었다는 게 최근 북한주민들의 심정이다.

이른바 역적패당과 멸공놀이가 각기 남북에 공존하면서 지금 남북관계는 정치적 대결이 상호 증오의 수준으로 확산되고 있다. 논란이 되고 있는 대북전단 문제야말로 정치적 대결이라는 분단체제와 군사적 대치라는 정전체제가 상호 결합되어 남북관계의 개선이 얼마나 힘든지를 극적으로 보여주는 상징이라 할 것이다. 김정은을 악마화하고 민망한 선정적 합성사진으로 전단을 살포하는 대북 적개심이 애초의 대북전단의 의미를 퇴색시키는가 하면, 마찬가지로 북한주민의 알권리와 대한민국 국민의 표현의 자유마저 탄압하고 무시하는 김여정 하명법이 강행 통과되는 모습은 우리 사회가 얼마나 철저하게 분열되어 있는지 잘 드러낸다. 무방비의 대북전단 살포에 대해 무장공격까지 위협하며 원점 타격하겠다는 북한 군부의 날 선 경고와 김여정의 고압적인 대남비난 역시 군사적 대치와 정치적 대결이라는 남북관계의 구조적 딜레마를 극적으로 드러내는 사건이다. 정치군사적 적대성을 근본적으로 완화시키지 못하는 한 남북관계는 구조적 딜레마에 갇혀 있을 수밖에 없다. 남북관계 개선이 결코 쉬운 일이 아닌 이유다.

⑥ 염북(厭北), 혐북(嫌北) 의식 확대와 대남 被모욕감 증대

남북관계가 잘 안 되는 이유는 남과 북 각각의 내부에도 존재한다. 경제적 아쉬움 때문에 남측에 고개 숙였던 때에 비하면 지금 북한은 남북관계에 매달리거나 구걸할 이유가 없어지기도 했거니와 북한 내부의 대남 의식이 적대적으로 바꾸기도 했다. 남북관계가 개선되고 화해협력이 증진되던 시기에 북한 주민의 대남의식이 상당히 호의적이었던 것에 비하면 이명박 정부 이후 남측과 날 선 비난과 대결을 주고받으면서 내부 의식의 변화도 남쪽에 대해 부정적인 방향으로 전환되었다. 매번 주던 쌀 지원을 끊고 북을 압박해서 굴복시키겠다는 한국 정부에 대해 북한 주민은 모욕감을 느꼈고 갈수록 반남(反南)의식이 커져갔다. 탈북자들이 남아 있는 가족에게 돈을 부쳐주면서 나올 결심을 하면 데리고 나오겠다고 하면 이젠 돈만 부쳐달라며 남아 있겠다는 게 지금 북한 내부의 대남 인식의 한 단면이다.

화해협력 시기 남북관계에 의해 과거 냉전 시대의 반북의식이 눈사람처럼 녹고 북한 사람을 만나고 대화하고 술 마시면서 동질감과 민족의식을 공감했다면 그와 동시에 갖가지 남북 대결과 군사적 충돌을 경험하면서 남쪽의 대북 의식은 과거의 반북을 넘어 혐오스럽고 지긋지긋해 하는 이른바 '염북' '혐북' 의식이 확산되었다. 겪어보고 형성된 염북과 혐북 의식은 주입식 교육으로 형성된 반북 의식보다 훨씬 고질적이고 해소되기 힘들다. 상상 이상의 심한 욕설과 대남 비방 그리고 계속되는 군사적 도발은 남쪽 사람들에게 북한은 더 이상 믿을 수 없는 존재라는 인식을 각인시켜 줬다.

　남북관계가 악화되던 시기 급기야 북한은 해서는 안 될 무력 도발을 강행하고 말았다. 천안함 사태와 연평도 포격이 그것이다. 휴전 이후 가장 최악의 군사 도발이었다. 천안함 폭침은 말 그대로 전쟁행위였다. 36명의 대한민국 장병을 수장시킨 최악의 무력 도발이었다. 연평도 포격은 우리 영토에 대한 명백한 무력 공격이었고 애꿎은 민간인이 희생되었다는 점에서 국민들의 대북 여론은 최악으로 돌아섰다. 문재인 정부의 고집스러운 대북화해 의지에도 불구하고 자행된 북한의 남북공동연락사무소 폭파와 해수부 공무원 소각살해 행위는 이제 더 이상 북한에게 화해와 협력을 기대할 수 없을 정도로 대북인식의 기대치는 최악의 정점을 찍게 되었다. 김정은의 북한에겐 이제 미련도 후회도 없는 혐오와 피로감의 대북인식이 자리 잡게 되었다. 남북관계가 잘 안 될 수밖에 없는 현실적 이유들이다.

　남측에 자리 잡은 염북과 혐북 의식이 남남갈등의 심화와 함께 확산되었고 남북관계 개선에 대한 동력과 기대는 상당 부분 사라졌다. 남북관계가 지속되는 동안에도 한국 사회는 북에 대한 염증과 혐오가 지속적으로 증대되는 기이한 결과가 나타났다.

　남북대결 시기를 지나 문재인 정부의 일관된 대북 화해협력 정책에도 북의 필요에 의한 남북대화 시기는 잠시였고 곧바로 남북관계는 대남도발과 관계파탄으로 귀결되었다. 연락사무소 폭파와 공무원 소각살해와 대남 막말 욕설이 지속되면서 이제 우리 사회에는 북에 대한 어떤 기대도 갖지 않게 되었다. 단순히 반공 반북의 적개심이 아니라 겪어보면 겪어볼수록 짜증 나고 혐오스러운 염북, 혐북 의식이 이제 대세로 자리 잡게 되었다. 북과는 잘 지낼 수 없다는 회의가 깊어졌고 북은 어찌해볼 수 없는 집단이라는 인식이 확산되었다. 북한과의 화해협력과 정상적 관계개선에는 아예 손사래를 치며 고개를 젓는 상황이 되고 말았다.

⑦ 신혼과 이혼의 남북관계를 넘어

김대중 노무현 정부 시기의 남북관계는 한마디로 신혼부부 사이였다. 설렘과 애틋함이 교차했다. 함께 어울리고 더불어 살아가는 사이좋은 '이웃사촌'처럼 지내고자 했다. 당시 평양을 십 수차례 다녀온 필자도 북쪽 사람을 만나면 항상 화기애애했고 저녁엔 술잔을 기울이며 민족의 동질성을 확인하곤 했다. 민족화해가 증진되고 남북관계가 개선되면서 이제 머잖아 통일의 길도 열릴 것이라고 기대하기도 했다.

당시 신혼부부의 남북관계는 탈냉전 이후 화해적 협력관계가 가능할 거라는 객관적 상황변화에 힘입은 바가 컸다. 진영 간 대결이라는 냉전체제가 와해되고 사회주의가 붕괴되었기 때문에 남쪽은 자신감을 갖고 북을 대할 수 있었고 북쪽은 남이 내민 화해협력의 손을 쉽사리 거부하기 힘들었다. 탈냉전이 제공한 화해협력의 객관적 토대는 남북의 상호인정과 평화공존 그리고 화해협력이라는 새로운 남북관계를 가능케 했고 6.15공동선언 채택으로 남과 북은 새로운 관계설정에 동의했다.

6.15공동선언에 따라 김대중 정부는 대북 인도적 지원을 시작했고 금강산 관광과 개성공단과 철도 연결 등 3대 경협 사업을 추진했다. 정상회담 이후 해마다 6.15공동행사는 평양에서, 8.15공동행사는 남쪽에서 개최되었고 대규모 민간 교류와 방북이 꾸준히 이어졌다. 북한의 '민족공조'와 '우리민족끼리'는 남북화해를 정당화했고 김대중 정부의 햇볕정책과 동포애는 교류협력을 정당화했다. 남쪽에선 수십만 명이 금강산을 찾고 북쪽 사람과 대화하고 어울렸다. 북쪽도

남쪽 사람을 만나고 접하면서 친해지기 시작했다. 냉전시대에 각인되고 형성되었던 상호 적대의식은 상당부분 완화되는 모습이었다. 그야말로 김대중·노무현 정부의 남북관계는 결혼 초기의 신혼부부 같았다.

그러나 신혼의 달콤함은 지속되지 못했다. 남북관계는 진전되고 확대되었지만 정작 대북정책의 핵심목표였던 북한 변화를 견인하는 데는 한계가 있었다. 신혼의 남북관계는 사이좋게 만나고 교류하긴 했지만 상대방의 태도와 생각을 바꾸지는 못했다. 연애 기분으로 잘 지내긴 했지만 상대가 그동안 살아온 익숙한 사고방식과 생활습관을 내 방식으로 완전히 바꾸는 데는 실패했던 것이다.

결국 신혼의 남북관계에서도 북핵위기는 잠재되거나 지속되었고 결국 북은 핵실험을 하고 말았다. 신혼이지만 간헐적인 부부싸움도 벌어졌다. 1999년과 2002년의 서해교전은 군사적 충돌의 가능성이 상존함을 극적으로 입증했다. 냉전을 지나 탈냉전에 걸맞은 설렘의 신혼관계를 꿈꾸었지만 현실의 남북관계는 결코 신혼부부의 구조적 실현을 불가능하게 했다. 선의를 가지고 신혼처럼 잘 지내려고 했지만 결국 상대방의 본질이 그대로였다는 점에서 오히려 화해협력정책은 우리 내부의 남남갈등을 증폭시키는 정치적 후유증을 낳고 말았다. 화해협력만으로는 우리가 원하는 바람직한 남북관계가 현실적으로 불가능했던 것이다. 신혼부부의 남북관계가 언제까지 지속될 수는 없었다.

이명박 박근혜 정부의 남북관계는 한마디로 이혼을 불사하는 남북관계였다. 이웃사촌은커녕 옆집 원수 같은 남북관계였다. 10년간의 화해협력이 소기의 목적을 달성하지 못했다고 생각하는 여론에 힘입어 보수 정부가 선택되었고 이명박 정부는 대북정책의 교체를 정권교체의 핵심과제로 간주했다. 지원하고 교류하고 협력하는 대북 포용정책이 우리만 일방적으로 신혼의 감정에 빠진 것이지 정작 북은 하나도 변하지 않았다는 평가에 따라 이제 대북정책은 강경과 봉쇄와 압박으로 전환되었다. 성미가 급한 우리 국민에게 10년은 기다릴 만큼 기다린 것이었고 이젠 채찍을 들 때가 된 것으로 여겨졌다.

신혼의 남북관계는 사라지고 상대는 굴복시키고 제압해야 할 대상으로 자리매김되었다. 북한은 믿을 수 없는 존재이고 태생적으로 잘못된 상대이기 때문에 화해와 협력 대신 강압과 채찍으로 변화시키고 무릎 꿇려야 했다. 이혼을 눈앞에 둔 파경기의 남북관계가 자리 잡게 되었다. 죽기 살기로 상대를 제압하려는 강 대 강의 대결이 남북관계를 지배하게 되었다.

김대중 노무현 시기의 화해협력이라는 남북관계가 냉전이 종식되고 탈냉전이 도래하면서 가능했다면 이명박 박근혜 정부는 탈냉전의 남북관계를 지나 재냉전의 남북대결로 회귀하고 말았다. 북핵문제와 북한도발이라는 한반도판 냉전이 온존하고 있었고 대북 포용정책의 성공을 확신하지 못하는 보수적인 대북 의식이 다시 고개를 들면서 한반도는 재냉전으로 돌아섰다.

화해와 협력을 거둬들이고 강압의 방식으로 북한의 버릇을 고치고 우리가 원하는 대로 굴복시키겠다는 입장에서 기존의 남북관계는 하루아침에 물거품처럼 사라졌다. 박왕자 씨 피살사건으로 금강산 관광은 영구 중단되었다. 북을 방문하고 북한 사람을 만날 수 있었던 접촉의 창구는 사라졌다. 대북 인도적 지원은 중단되었고 남북의 마지막 신뢰의 끈이 사라지면서 북한도 남측의 대북 지원을 거부했다. 남측이 주지도 않지만 북도 받지 않겠다는 감정싸움이 심화되었다. 진행되던 남북경협은 모두 중단되었고 사회문화교류와 방북은 대폭 감소되거나 불허되었다.

감정싸움은 결국 대형 충돌과 도발로 귀결되었고 천안함 사태와 연평도 포격으로 이제 남북관계는 영영 신혼으로 돌아갈 수 없는 파국으로 치닫고 말았다. 군사적 긴장은 최고조로 유지되었고 전쟁 일촉즉발의 위기가 지속되었다. 서해 바다는 팽팽히 당겨진 고무줄처럼 건드리기만 하면 끊어지는 형국을 유지했다. 5.24조치로 모든 경협과 대북지원과 방북은 일체 금지되었다. 교류협력의 남북관계는 냉전시대의 적대관계로 돌아갔다. 한국전쟁 이후 사상 최초의 영토 공격이 자행되자 남쪽의 대북인식은 극도로 악화되었다. 대북 지원을 중단하고 압박에 나선 남쪽에 대한 북쪽의 인식 역시 모욕감을 받았다는 감정과 함께 증오심을 키워 나갔다. 북에 진절머리를 내는 남쪽과, 역적 패당으로 비난하는 북쪽의 상호 적대의식과 대결관계는 갈수록 심화되었다. 파국을 눈앞에 둔 사생결단의 남북관계였다. 파경기의 남북관계였다.

그러나 강 대 강 대결정책은 하나도 성과를 내지 못했다. 남북관계를 전면 중단하고 교류와 협력을 거둬들이고 봉쇄와 압박으로 북한을 길들이려고 했지만 정작 돌아온 것은 북의 도발과 안보위기 심화였다. 북한은 굴복하지도 변화하지도 고개 숙이지도 않았다. 주던 것을 끊었지만 북한이 고통스러워하거나 힘들어하지도 않았다. 북은 천안함과 연평도로 군사적 도발을 확대했고 연이은 핵실험으로 핵능력을 키워 나갔다. 북의 버릇을 고쳐놓겠다는 대북 강경정책은 오히려 군사적 위기와 한반도 긴장고조에 속수무책이었다. 고함과 주장만 무성할 뿐이었다.

교류협력의 남북관계가 충분한 성과를 거두지 못한 아쉬움이었다면 대북강경의 남북관계는 애초부터 성공이 불가능한 외고집이었다. 대결과 강압의 파경기의 남북관계로는 결코 북한을 제압할 수 없음을 확인하는 시기였다. 교류협력만으로 소기의 성과를 낼 수 없었다면 교류협력이 성공할 수 있는 노력과 조건들을 보완하고 고민해야 하는 것이지 교류협력 자체를 파기하고 압박과 대결의 남북관계로 전환하는 것은 더 큰 실패와 돌이킬 수 없는 잘못으로 빠져드는 길이었다. 파경기의 이혼 부부 같은 남북관계는 결코 성공하지 못하는 길이었다. 한반도에서 북을 따로 떼어 옮겨놓거나 제거하지 못하는 한 이혼을 불사하는 남북관계는 최악의 한반도를 의미하는 것이다. 이제 신혼도 이혼도 아닌 지속가능한 남북관계를 고민해야 한다.

⑧ 남북관계의 현실적 접근: 중년부부론과 국가성의 인정

힘에 의해 정의되는 남북관계의 구조적 딜레마를 객관적으로 전제하면 앞으로 남북관계는 무엇보다 과도하게 감정적으로 접근하는 것을 자제해야 한다. 북과의 만남이나 대화를 그저 순진하게 설렘과 감동으로만 접근해서는 안 된다. 무리하게 감정적으로 접근하지 말고 화해협력의 가능성과 현실성에 토대해서 철저히 지속가능하고 이행 가능한 화해협력의 관계를 고민해야 한다. 마찬가지로 남북대화와 관계개선을 마치 잘못된 것이나 북에게 굴복하는 것으로 간주하고 대북강경과 압박만으로 남북관계에 접근하는 것 역시 지양되어야 한다. 대북강경과 고집도 또 다른 의미의 매우 감정적인 접근이다. 주관적 희망과 근거 없는 기대만을 내세운 채 압박 위주의 대북강경이 우리가 원하는 남북관계를 가져올 수 있다고 믿는 것도 현실과 동떨어진 또 하나의 감정적 고집에 불과하다.

화해협력 지상주의나 강경대결 지상주의 모두 사실은 매우 감정적으로 남북관계에 접근하는 것이다. 화해와 협력, 대화와 합의만이 남북관계의 능사가 아니다. 또 압박과 봉쇄, 원칙과 고집만이 남북관계의 해법도 아니다. 두 편향 모두 사실은 지나치게 북을 선의로 대하거나 악마로 간주하는 극단적 감정주의 접근이다. 남북관계가 항상 진전되어야 하거나 남북관계는 항상 경색될 것이라는 지나친 희망과 과도한 실망 모두 경계해야 한다. 그동안 우여곡절의 남북관계는 지나치게 관계개선에만 매달리거나 아니면 과도하게 관계경색을 불사하는 양극단의 감정적 대응과 무관하지 않다.

오히려 현실적인 남북관계는 항상 관계개선이 될 것이라는 최대목표도 아니며 동시에 매번 남북관계가 경색될 것이라는 최소목표도 아닌, 지나친 기대와 지나친 포기도 아닌, 있는 그대로의 현실적인 접근이 필요하다. 그래야 우여곡절의 남북관계를 이제는 벗어날 수 있다.

이제 과거와는 다른 새로운 남북관계 방식을 고민해야 한다. 너무 좋아하지도, 너무 미워하지도 않는 냉정한 실리 추구의 남북관계가 이제는 적절하고 필요할지 모른다. 감정에 치우쳐 한때는 북을 지나치게 설렘으로 접근했고 또 어떤 때는 북을 불구대천의 원수로 적대시했다면 이제는 감정과 정서가 아닌 이성과 실리에 따라 대화도 하고 압박도 하고 견제도 하고 합의도 하는 실속형 관계가 필요할지 모른다. 김대중 노무현 시기가 서로 죽고 못 사는 신혼과 연애의 남북관계였고 이명박 박근혜 정부 시기가 서로를 원수처럼 여기는 증오와 권태의 남북관계였다면, 앞으로 남북관계는 일희일비하지 않고 끈기와 인내로 서로에게 익숙해가는 덤덤한 중년의 부부 사이가 오히려 나을지 모른다.

현실적 남북관계의 모습은 서로 갑론을박하면서도 관계 자체를 파탄내지 않고 무덤덤하게 실속을 차리는 중년의 부부관계를 모델로 해야 한다. 대화할 게 있으면 무던하면서도 인내심을 갖고 대화하고 합의할 게 있으면 끈질기게 논쟁하고 가능한 합의지점을 찾기 위해 노력해야 한다. 과도한 애정과 지나친 분노는 이제 수면 아래로 내려놓아야 한다. 이제 남북은 끈질기게 마주 앉아 결국은 합의를 도출해내는 고진감래의 남북관계에 익숙해져야 한다.

신혼과 파경의 시기를 지난 뒤 이제 우리는 담담한 중년의 남북관계를 준비해야 한다. 지나치게 흥분하지도 지나치게 미워하지도 말아야 한다. 설렘과 애틋함으로 상대에 집착하거나 매달려서도 안 된다. 그렇다고 죽기 아니면 살기로 상대를 미워하고 증오해서도 안 된다. 대화 자체에 집착하기보다는 서로 도움되는 꼭 필요한 대화만 냉정하고 차분하게 하면 족하다. 상대를 원수로 간주하고 만나고 대화하는 것마저 부인하는 극단적 파경상태도 중년부부의 모습은 결코 아니다. 필요한 일이 있으면 만나고 대화해서 서로 수용 가능한 합의지점을 만들어내고 조금씩 차분하게 천천히 합의사항을 실천하고 이행하면 되는 것이다. 중년의 남북관계는 과도한 애정행각을 벌이지 않는다. 또한 중년의 남북관계는 가정을 깨거나 이혼불사의 부부싸움을 하지도 않는다. 그저 정 때문에 서로를 인정하고 서로를 존중하며 가정의 평화를 지켜내고 할 일을 할 뿐이다.

실리 추구의 실속형 남북관계, 중년의 남북관계를 위해서는 그래서 몇 가지 지켜야 할 사항이 있다. 첫째 한반도의 평화를 위협하는 군사적 도발과 긴장고조는 가능한 한 억제되어야 한다. 가정이 깨져서는 안 되고 집안의 평화가 지켜져야 하듯이 중년의 실속 있는 남북관계는 무엇보다 천안함, 연평도와 같은 군사적 충돌과 전쟁위기만큼은 반드시 피해야 함을 전제로 한다. 둘째, 서로를 존중하고 인정해야 한다. 신혼이나 이혼이 아닌 중년의 부부는 집안이 조용하고 평화롭지만 그렇다고 애정표현으로 요란스럽지도 않다. 평화로운 중년부부의 가정이 유지되기 위해서는 무엇보다 상대방에 대한 존중과 인정이 전제되어야 한다. 부인은 남편의 생각과 생활과 주장에 대해, 마찬가지로 남편은 아내의 생각과 생활과 주장을 이해하고 인정하고 존중해야 가정이 평화로울 수 있고 관계가 지속될 수 있다. 김정은 체제와 한국 정부 역시 상대방을 무릎 꿇려야 할 굴복의 대상으로 여기는 대신 대화와 협상의 한 주체로서 존중하고 인정해야 한다. 셋째, 중년의 남북관계는 어떤 일이 있어도 이혼이나 가정을 깨는 일은 피하고 부부로서의 관계를 지속적으로 유지해야 한다. 아무리 생각이 다르고 상대방의 요구를 수용하기 힘들어도 그래도 가정은 유지되어야 하고 이혼해서는 안 된다. 필요한 대화라면 입장의 평행선 때문에 합의가 없고 성과가 없어도 회담은 지속되어야 하고 대화 자체가 깨지거나 완전 파탄의 남북관계가 되는 것은 피해야 한다.

크게 흥분하지도 크게 분노하지도 않고 끝까지 관계를 유지하면서 상대방을 존중하고 인정함으로써 가정의 평화를 지켜내고 부부로서의 할 일을 해내는 것이야말로 현명하고 안정적인 중년의 부부관계이다. 이제 우리 남북관계도 그럴 때가 되었다.

남북관계 중년부부론은 사실 남북의 상호 국가성의 인정과 닿아 있다. 감정적으로 흥분하지도 증오하지도 말면서 상호 선린의 이웃나라로서 평화롭게 지내면 족하다. 상대를 인정하면서 덤덤하게 필요한 일을 하고 지내면 일방의 체제전환에 의해 평화로운 통일의 계기가 다가올 것이다.

 북한의 '투 코리아' 전략은 남과 북이 서로 다른 두 개의 나라로 살자는 의도다. 남쪽에 손 내밀지 않고 알아서 살아갈 터이니 흡수통일의 의도나 시혜적 선심을 내세워 교류협력으로 귀찮게 하지 말라는 것이다. 이는 마치 동서독 분단 당시 동독이 일관되게 서독에 국가 인정을 요구하면서 두 개의 독일로 살아가자는 주장과 흡사하다. 심지어 동독은 사회주의 민족을 강조하면서 서독과는 다른 민족임을 내세우기도 했다. 우리도 1970년대에는 북한의 대남 공세에 대해 사실상의 투 코리아 전략으로 대응했던 적이 있다. 대북 열세에 놓인 당시 박정희 정부는 북한의 파상적인 교류협력은 거부한 채 남북의 분단을 인정하고 평화적 체제경쟁에 나서자는 입장이었다. 6.23선언의 유엔동시가입은 대표적인 투 코리아 전략이었다.

 북한의 투 코리아 전략에 당황할 필요는 없다. 오히려 서독은 동독의 두 개의 독일 정책을 역이용했다. 동독의 국가성을 인정하고 동서독 기본조약을 체결함으로써 동독의 불안을 해소해줬다. 통일을 뒤로 미루고 흡수의 의도를 드러내지 않고 국가 대 국가 차원에서 일관되게 교류협력을 묵묵히 진행했다. 그사이 동독은 변화했고 동독 주민은 서독을 동경하게 되었다. 국가성을 인정받은 동독은 결국 내부 민주화로 서독에 통합되었다.

북한의 투 코리아 전략에 우리도 냉정한 대북정책과 현명한 통일전략을 고민해야 할 때다. 과거의 달콤했던 신혼의 남북관계로 돌아갈 수 있을 거라고 기대하지도 말고 사생결단의 파경기 남북관계가 정답이라고도 생각하지 말고, 이제는 덤덤하면서도 실용적 관계를 유지하는 남북관계 중년부부론이 지금 시기 변화된 남북관계에 가장 현명하게 대처하면서 동시에 평화로운 통일을 준비하는 지혜가 될 것이다.

평화체제론에서 민주평화론으로:
'한반도 평화' 프로세스의 비현실성

① 정전체제의 평화체제로의 전환: 이상과 현실

남북관계 진전을 가로막는 정전체제의 불안정성은 원론적으로 평화협정 체결과 평화체제로의 전환을 통해 해소될 수 있다. 한반도에서 '소극적 평화(negative peace)'는 정전체제에도 불구하고 전쟁이 억지되고 군사적 충돌을 방지하며 한반도에 긴장완화가 이루어진 상태를 의미한다. 이는 군사적 긴장 가능성이 존재하지만 갈등을 예방(conflict prevention)할 수 있는 것으로서 '불안정한 평화(unstable peace)'를 말한다. 군사력에 기반한 억지에 토대하는 것이다. 여기에서 진전된 '적극적 평화(positive peace)'는 평화협정 체결로 정전이 아닌 전쟁의 공식적 종식을 이룸으로써 갈등의 종결(conflict termination)을 이룬 상황이다. 이는 전쟁 가능성이 없는 갈등 부재 상태로서 '안정적 평화(stable peace)'를 의미하는 것으로 정전체제의 평화체제로의 법제도적 전환을 요구한다.

그러나 정전체제의 평화체제로의 전환은 단순히 평화협정 체결이라는 문서 하나로 담보되는 게 아니다. 오히려 남북의 정치적 적대와 대결 상황을 근본적으로 개선하지 않는 한 평화협정은 실질적 평화를 보장하지 못할 수 있다.

한반도 평화체제는 군사안보적 구성요소와 함께 본질적으로는 남북관계적 차원의 평화가 병행되어야 한다. 남북의 적대관계가 지속되고 정치적 대결과 반목이 심화되고 있는 상황에서는 그 무슨 화려한 평화협정에 서명한다 하더라도 남북의 평화는 불가능하고 당연히 한반도 평화는 자리 잡지 못한다. 즉 남북의 적대관계 해소와 정치적 화해협력 그리고 되돌릴 수 없는 남북관계의 진전으로 한반도 평화의 물적 토대를 마련하는 것 없이 군사안보적 차원의 평화체제 논의는 그야말로 공허한 메아리일 뿐이다. 남북관계가 유동적이고 언제라도 적대와 대결의 긴장된 관계로 환원될 수 있는 구조라면 항구적인 한반도 평화는 충족되지 못한다. 군사적 신뢰구축을 진전시킨다 하더라도 대결의 남북관계로 회귀할 가능성은 얼마든지 존재한다.

남북관계가 적대와 대결이 지속될 경우, 한반도 평화체제 논의는 비현실적일 수밖에 없다. 상호 군축, 평화협정 당사자 문제, 평화협정의 조항, 주한미군 주둔 여부, 유엔사 해체 여부, 한미동맹의 변화 등이 적극적 평화를 위한 주요 쟁점이지만 이들 논의가 겉돌 수밖에 없고 매번 제시되는 과제들이 공허하게 들리는 이유는 아직 그것을 구체적으로 논의하고 고민할 한반도 상황이 아니기 때문이고 그 핵심에는 남북관계의 현 단계가 자리 잡고 있는 것이다.

결국 한반도 평화의 진전은 핵심적으로 남북관계의 진전과 맞물려 진행될 수밖에 없다. 관계의 평화 없이 문서나 조약의 평화는 취약한 평화일 뿐이다. 상호 적대의식과 군사적 대결관계가 사라지는 남북관계의 결정적 진전을 이뤄내면 평화체제의 작동이 가능할 수 있지만, 상대방에 대한 대결과 적대의 관계가 지속 강화되고 군비증강과 전쟁수행 의지가 유지되는 한 평화체제는 조약이나 협정이라는 문서로 달성될 수 있는 것이 아니다.

② 실패로 판명난 문재인 정부의 '한반도 평화' 프로세스

평화체제론에 입각한 문재인 정부의 비핵화 해법이 바로 '한반도 평화' 프로세스이다. 비핵화 프로세스와 평화체제 프로세스를 동시 병행하는 것으로 미국이 요구하는 비핵화 목표와 북한이 요구하는 북미관계 정상화 목표를 동시에 교환함으로써 비핵과 평화가 동시 달성되는 접근법을 의미한다.

비핵화는 북한이 보유하고 있는 과거핵과 현재핵 그리고 미래핵까지 완전 폐기하는 것을 목표로 하고, 평화체제는 한반도의 군사적 대치상태인 정전체제를 평화체제로 전환하는 것으로서 광의의 의미로는 군사적 신뢰구축과 불가침에서 시작해 평화협정 체결과 북미관계 정상화를 포괄하는 것이다. 결국 한반도 평화 프로세스는 북한이 일관되게 요구해온 적대적 안보환경 즉 정전체제의 평화체제 전환과 북미 적대관계 해소를 통해 북의 비핵화를 이끌어내는 접근법이라고 할 수 있다.

한반도 평화 프로세스는 무엇보다도 군사적 수단에 의한 해법을 배제한다. 협상을 통한 상호 합의에 의해 평화적 방법으로 비핵화를 이루고자 하는 게 첫 번째 전제조건이다. 또한 한반도 평화 프로세스는 북한이 선(先)비핵화를 수용하고 그 후에 북한이 요구하는 바를 제공하는 선후의 문제가 아니라 비핵화 과정과 북의 안보위협 해소가 동시에 맞물려 진행하는 단계별 '동시 교환'의 해법이다. 아울러 한반도 평화 프로세스의 특징은 북한의 잇따른 도발로 초래된 강력한 대북제재가 엄존하는 조건에서 선(先)제재해제가 아닌 비핵화에 따른 제재완화라는 접근법이다. 또한 문재인 정부의 비핵평화 해법의 차별적 특징은 핵개발 과정이 아니라 이미 핵을 보유한 상황에서 비핵화를 평화 프로세스와 병행시켜 추진한다는 점이다. 결국 코리아 모델로서 한반도 평화 프로세스는 협상을 통한 평화적 해결을 모색하되 선후가 아닌 동시 병행적 접근이고 이미 제재가 지속되는 조건에서 진행되며 동시에 이미 핵을 보유한 상황에서 비핵화 협상이 진행된다는 특징을 갖는다. 기존의 핵협상 모델과 구별되는 지점이기도 하다.

한반도 평화 프로세스의 성공과 관련해 가장 중요한 관건은 결국 비핵화 과정과 평화체제 과정이 매 단계마다 동시 교환될 수 있느냐이다. 비핵화와 관련해서 미래핵 포기와 현재핵 동결 및 과거핵의 신고·검증·폐기 반출 등의 복잡다단한 과정의 매 단계마다 군사훈련 중단과 전략자산 불전개 및 군사적 신뢰구축과 군비통제, 종전선언과 평화협정, 그리고 제재해제 과정과 연락사무소 설치와 북미수교 그리고 유엔사와 주한미군 변경 등의 복잡하고 지난한 과정들이 정교하고도 순조롭게 맞물려 교환되어야 하기 때문이다. 성공과 실패를 단언할 수 없는 전인미답(前人未踏)의 경로임도 그 때문이다.

이른바 한반도 평화 프로세스를 가장 압축적이고 상징적으로 표현한 것은 싱가포르 북미정상회담의 합의내용이었다. '트럼프대통령은 김위원장에게 안전보장을 제공한다고 약속했다. 김위원장은 한반도의 완전한 비핵화를 위한 흔들리지 않는 굳건한 노력을 재확인했다'. 미국은 북에게 안전보장과 새로운 북미관계를 약속하고 북한은 완전한 비핵화를 약속함으로써 북미정상은 비핵평화 프로세스의 첫출발에 합의했던 것이다.

그러나 2018년 평창발 평화 프로세스가 극적으로 진행되었음에도 지금 북미협상은 중단되었고, 남북관계는 단절되었고, 한반도 평화는 군사적 대결로 전환되었고, 북핵문제는 악화일로로 치닫고 있다. 평화체제가 북한 비핵화를 가능케 한다는 문재인 정부의 한반도 평화 프로세스는 이미 역사적 무대에서 실패로 판명 난 셈이다. 그리고 한반도 평화 프로세스의 역사적 실패의 근저에는 평화체제론이 현실에서 전혀 가능하지도 작동하지도 않는다는 엄연한 사실이 자리 잡고 있다.

③ 평화체제라는 필요조건: 현실성과 가능성?

비핵화 과정과 평화체제 프로세스를 동시 병행함으로써 북한의 핵포기를 이끌어내려는 문재인 정부의 북핵해법은 우선 평화체제 마련으로 북한의 안보 우려를 해소해주는 것이 필요조건이다. 현재핵과 과거핵과 미래핵을, 핵시설과 핵물질과 핵무기와 미사일과 핵인력까지를, 동결과 신고와 검증과 폐쇄와 해체와 반출에 이르기까지 비핵화의 전 과정을 북한이 성실하게 실행하는 전제하에 각 단계마다 동시 행동 조치로서 한국과 미국이 북한의 안보위협을 해소하고 정전체제를 평화체제로 전환시키고 북미 간 관계 정상화를 이뤄냄으로써 남북관계와 북미관계와 한미관계의 상호 선순환을 통해 한반도의 온전한 비핵평화를 목표로 한다.

북한의 안보 우려를 해소하기 위해 평화체제 이전이라도 남북 간에 군사적 신뢰구축과 군비통제를 선제적으로 실행하려는 문재인 정부의 접근법도 비핵평화 프로세스를 견인하려는 고민에서 비롯된 것이다. 그러나 비대칭전력으로서 핵무기를 보유한 북한을 상대로 비핵화 이전에 비례성의 원칙으로 남북이 군비통제를 시도하는 것은 북의 안보위협을 해소해주기 위해 자칫 우리의 안보가 위협받을 수 있는 위험성이 존재한다. 2018년 평양에서 체결된 남북군사합의서가 핵을 보유한 북한에게 우리가 일방적으로 군사적 양보를 감행함으로써 사실상 불균형적인 안보위협을 초래했다는 비판이 대표적인 사례이다. 남북군사분야 합의 이후에도 북한은 지속적으로 핵미사일 능력을 증대시키고 이스칸데르급 탄도미사일과 극초음속 미사일을 발사하는 군사적 도발을 계속하고 있다. 핵보유 이후 북한이 군사적 신뢰구축과 안보위협 해소과정에서도 여전히 대남도발을 지속할 가능성은 완전히 해소되지 않는다. 평화체제의 완료 시점에 비핵화가 완료되는 동시 교환은 그래서 비현실적이고 바람직하지도 않다.

이미 핵을 보유한 북한이 여전히 대미·대남 적대관계를 지속하는 조건에서 항구적 평화체제가 완성되지 않는 한 한국이 적대행위 중단과 종전선언 같은 선제적 평화조치에 나서는 것은 냉정한 현실주의 세력균형에 반하는 것이다. 비대칭 전력인 핵무기를 이미 확보한 북한에 대해 비핵화 이전에 재래식 군비통제에 나서는 것은 그래서 비대칭적일 수 있다. 오히려 평화체제 이전에는 이미 보유하고 있는 북한의 핵무기를 무력화시킬 수 있는 군사적 억지력과 중장기적인 전략이 필요하다.

평화체제와 비핵화의 병행이 실제 진행과정에서 단계별 동시 교환의 어려운 난제를 극복할 수 있느냐도 관건이다. 비핵화 진전에 맞춰 평화체제를 이뤄간다는 원칙에는 합의할 수 있지만 이를 실제 진행시켜가는 과정은 매 단계별로 양측이 합의하고 실천할 수 있는 동시적 등가교환이 가능해야 한다. 2018년 싱가포르 정상회담 이후 북미가 합의해서 실천한 것도 한미 연합훈련 중단과 핵실험장 폐쇄 및 미사일 발사 모라토리엄 정도의 첫 단추에 머무르고 있다. 다음 단계로 평화체제와 비핵화를 등가로 교환시켜 진전시키는 지점에서 북미는 여전히 힘겨루기와 선(先)요구를 지속하고 있다. 2019년 하노이 북미정상회담에서 보듯이 영변 핵시설 폐쇄와 제재 해제를 놓고도 북미는 한 치의 양보 없이 상호 불신과 합의결렬을 목도하고 있다. 상대에게 요구하는 내용과 상대의 요구를 수용하는 내용 사이에 상호 괴리가 존재하고 있고 이는 곧 북미 간 오랫동안 쌓여온 불신과 적대의 세월이 배태한 '가치 선호도(value preference)'의 차이 때문이다. 신고, 검증, 사찰, 폐기, 반출 등의 단계와 이와 동시 교환되는 미국의 상응조치의 내용을 놓고 과연 북미가 생산적으로 합의할 수 있고 더 나아가 합의한다 하더라도 매 단계의 실질이행을 놓고 행동의 동시 교환이 가능할지는 지난 불신의 역사와 합의 불이행의 역사를 감안할 때 분명 낙관할 수 있는 일이 아니다.

북한이 '핵개발 과정'의 명분이었던 평화체제 요구가 지금 '핵보유 이후'에도 동일하게 비핵화를 견인할 정도의 효용성을 갖는지도 사실 확인되지 않았고 불확실하다. 핵개발 과정에서 북한은 처음에 평화적 핵동력 공업의 필요성을 강조하면서 미국으로부터 제네바 합의를 얻어냈고 2차 북핵위기에는 자위적 핵억제력을 이유로 핵무기의 불가피성을 주장했다. 자신이 핵무기를 가지려는 근본 이유가 미국의 대북 적대정책과 안보위협이므로 북한에 대한 안전보장과 군사위협 해소 및 평화체제와 관계 정상화를 이루면 핵무기를 가질 이유가 없다는 논리였다. 핵개발 당시의 평화체제 효용성은 실제 평화체제가 마련되었다면 핵무기 개발을 중단할 수 있었을지도 모른다. 그러나 이미 수십 개의 핵폭탄과 투발수단과 정규 전략군사령부를 확보한 핵보유의 상황에서도 동일하게 평화체제가 마련된다고 해서 핵개발 중단이 아니라 핵무기 해체의 결심을 도출할 수 있을지는 의문이다. 핵개발을 중단하기 위한 평화체제가 핵보유를 스스로 포기할 정도로 동일한 인센티브를 줄 수 있을지는 확증되지 않았다. 핵개발 당시의 평화체제 효용성과 핵보유 이후의 평화체제 효용성의 근본 차이를 고려하지 않고 지금이라도 평화체제가 마련되면 북한이 스스로 이미 갖고 있는 핵폭탄을 순순히 포기할 것으로 믿는 것은 우려스럽다.

북한은 핵실험을 하고 핵무기를 확보하는 과정에서부터 이른바 '핵평화 이론'을 지속적으로 공언해왔다. 북한에게 핵무기는 미국으로부터 한반도를 평화롭게 지켜내는 억지력이고 핵전쟁을 막아내는 평화의 수단이라고 강변해왔다. 핵무기로 평화를 지켜내고 있다는 논리에서 평화가 완성되면 핵무기를 버리겠다는 주장은 앞뒤가 맞지 않는다. 자신이 원하는 평화 즉 한미동맹과 핵우산이 철폐되는 한에서만 핵을 포기하겠다는 논리이고 그전에는 핵을 포기하지 않겠다는 고집에 불과하다. 핵무기가 오히려 평화를 가져온다는 핵평화 이론은 언제든 핵개발과 핵보유를 정당화하는 논리로 작동했다.

비핵화와 평화체제를 교환하는 '한반도 평화 프로세스'를 성공시키기 위해 북한이 원하는 평화체제 조성과 대외적 안보환경의 변화가 북의 핵포기를 견인하는 필요조건이라 하더라도 결국은 선제적 군비통제의 위험성과 평화체제 완성까지의 등가 교환을 어렵게 하는 가치선호도의 문제 그리고 핵개발 과정과 핵보유 이후의 평화체제 효용성의 차이 문제 등을 고려할 때 비핵화의 필요조건인 평화체제 제공마저도 힘겨운 과정이 될 가능성이 농후하다.

④ 북한 내부의 정치적 변화라는 충분조건: 민주평화론

설사 북한이 원하는 안보환경의 변화가 마련된다 하더라도 결국 최종의 결정과 선택은 김정은의 몫이다. 안보환경이 좋아져도 이를 인식하고 최종의 핵포기를 결정하는 것은 최고권력자의 선택이다. 사회주의 붕괴와 탈냉전이라는 한반도의 근본적 안보환경의 변화에서도 북한은 비핵화공동선언과 남북기본합의서를 체결하고도 결국은 체제유지를 위해 핵개발과 대미 핵담판으로 안전보장을 담보 받으려 했다. 남아공이 핵을 포기한 것은 냉전종식이라는 대외환경의 변화 상황에서 결국은 백인정권이 민주화를 선택함으로써 가능했다. 핵보유의 명분으로 주장되는 대외적 안보위협은 상대가 해소해주는 게 아니라 결국 근원은 자국의 국제규범 위반과 적대적 도발에서 비롯된 것이다. 인종차별 정책으로 남아공이 스스로 안보위협을 초래한 것처럼 북한도 대미 강경노선과 사회주의 수령독재의 고집으로 스스로 안보위협을 초래하고 있는 것이다. 결국 대외 안보환경의 우호적 변화와 더불어 국내 정치적 변화와 레짐의 성격변화에 의해 자국이 야기한 안보위협을 스스로 해결하는 노력이 병행되어야 한다.

문재인 정부의 한반도 평화 프로세스는 평화체제 완성의 험난함을 넘어 더 근본적인 과제를 해결해야 한다. 평화체제의 관건은 법제도적 측면의 평화협정과 군비통제를 넘어서 근본적으로 남북 간 적대성의 해체가 수반되어야 한다. 여전히 대남 적대의식과 적화통일의 의지가 유지된다면 평화체제는 유명무실해지고 북의 핵보유는 적대적 관계하에서 항상 우리에게 생존의 위협이 된다. '적극적 평화' 개념에 따른 한반도 평화체제의 조건에도 당연히 제도적 평화협정과 실질적 군비통제에 더해 적대성 청산과 신뢰구축이라는 상호 인식의 변화가 주요 구성요소로 포함되어 있다.

진정한 평화체제는 평화협정 체결을 넘어 상호 적대성의 완화와 해체까지를 지향해야 한다. 정치적 대결의 분단체제와 군사적 대치의 정전체제는 법제도의 평화협정만으로 완전히 해소되지 않는다. 결국 온전한 의미의 한반도 평화는 일방이 체제변화와 정치적 변화를 수반해야 한다. 대한민국이 민주주의와 시장경제를 포기하고 북에 다가가는 방식으로 적대성의 해소를 달성할 리도 없고 달성할 수도 없다. 결국은 북한이 체제변화와 정치적 성격의 변화라는 방식으로 북의 국가전략과 대남 인식이 바뀌어야만 실제로 한반도에서 적대성의 해소는 가능할 것이다. 북이 여전히 수령독재를 고수하고 사회주의 유지를 강조하고 대남·대미 적대의식이 온존하는 한 평화협정 체결은 상호 적대성의 종료를 담보하지 못한다.

아직도 북한은 사회주의 우월성과 사회주의 경제원리를 강조하고 있다. 김정은 이후 개혁개방으로 과대평가되고 있는 '사회주의기업 책임관리제'는 사회주의 원칙을 전제로 한다. 2018년 북핵협상 국면을 이끈 것으로 평가되는 김정은의 1월 1일 신년사도 핵포기와 개혁개방을 선언한 것이 결코 아니다. 오히려 국가 핵무력의 완성으로 미국을 타격할 수 있는 억지수단을 확보한 전제 위에서 북한이 원하는 현상변경을 꾀하기 위해 협상국면으로의 전환을 모색한 것에 불과할 뿐이다.

핵·경제 병진노선의 포기를 선언했다는 2018년 4월 당중앙위 전원회의 결정서 역시 사회주의를 고수 유지하기 위해 핵병기화에 성공한 병진노선의 승리를 결속(마무리)하고 새롭게 사회주의 발전을 위해 경제총력 노선을 선언한 것이다. 2018년 당전원회의 결정서의 제목은 "경제건설과 핵무력건설 병진로선의 위대한 승리를 선포함에 대하여"였고 내용도 '핵무기 병기화를 믿음직하게 실현하였다는 것을 엄숙히 천명한다'고 명시되어 있고 '핵시험중지는 세계적인 핵군축을 위한 중요한 과정'이라고 되어 있다. 핵보유의 자신감에 기초한 경제집중노선이자 더 이상 기술적 필요가 없는 핵시험중지선언이었다. 결코 사회주의의 포기나 탈사회주의의 개혁개방이나 전략적 정책전환을 택한 것이 아니다.

여전히 사회주의 우월성과 체제유지 의지를 역설하고 사회주의 포기가 절대 불가임을 천명하며 아직도 대남 비판과 대미 비난을 지속하고 있는 공식 입장을 감안할 때 과연 평화체제라 하더라도 북한이 적대성을 스스로 해체할 수 있을까? 북한이 스스로 적대성의 근거를 해소하지 않는 한 '거울영상효과(mirror image effect)'*에 의해 남북은 상호 적대성을 포기하기

* 거울영상효과는 애초 냉전시대 미소관계를 설명하는 개념으로서 '상대방의 나에 대한 왜곡된 인식이 그에 대한 나의 왜곡된 인식과 절묘하게 유사한 것'을 지칭한다. 거울영상효과에 대해서는 Urie Bronfenbrenner, "The Mirror Image in Soviet-American Relations: A Social Psychologist's Report," *Journal of Social Issues*, Vol. 17, No. 3(1961), p.46.

힘들다. 결국 북한 스스로 정치적 변동이나 정권의 성격변화에 의해 상호 적대성을 내려놓거나 약화시키지 않는 한 평화체제만으로는 비핵화를 가능케 하는 충분조건이 되지 못하는 것이다.

기존 비핵화 모델의 경험을 적용해 봐도 이미 핵을 보유한 북한의 상황은 남아공의 경우처럼 국내정치적 변화가 수반되어야만 핵포기가 가능하다. 우크라이나처럼 주어진 핵의 포기가 아니라 집요한 핵의지 끝에 확보한 핵보유인 만큼 북한이 포기결단을 내리려면 민주화 정도의 체제전환이 반드시 필요하다. 그동안 실제 비핵화에 성공한 모든 사례는 정도의 차이는 있지만 공통적으로 최소한의 민주주의가 가능한 정치적 변화가 수반되었다. 우크라이나는 친서방 개혁개방을 선택했고 리비아도 정치적 반대세력이 존재했고 이란도 선거에 의한 온건파 정권이 등장했고 남아공 역시 정권교체로 민주화를 선택했다.

북한의 핵보유 상황에서 평화적 비핵화가 대외안보환경의 변화를 필요로 하는 것은 사실이다. 즉 한반도 평화체제가 비핵화의 필요조건일 수 있다. 그러나 북한이 핵보유의 명분으로 주장하는 외부의 안보위협이 해소되는 것만으로 북이 스스로 핵을 포기할 것으로 확신하는 것은 여전히 조심스럽다. 안보적 요구를 충족하는 대외안보환경의 변화에 더하여 내부 체제의 변화와 정권의 성격변화가 반드시 수반되어야 사실상 김정은 체제의 핵포기는 가능할 것이다. 수령독재가 지속되고 남북관계의 적대적 성격이 온존하는 한 북이 요구하는 평화체제 정착으로 김정은의 핵포기를 낙관하는 것은 아직까지 검증되기 힘들다. 북의 안보적 요구에 부응하는 평화체제 정착이 북한 비핵화의 필요조건이긴 하지만 충분조건은 아닌 셈이다. 오히려 평화체제 마련과 북한정권의 정치적 변화가 결합될 때 비로소 비핵화도 완성되고 진정한 의미의 항구적 평화가 도래할 것이다.

⑤ 평화체제론을 넘어 민주평화론으로

민주주의 국가 사이에는 평화가 유지된다는 이른바 '민주평화론(democratic peace theory)'*의 명제는 한반도의 평화와 비핵화 해법에도 이제 유의미한 함의를 갖는다. 핵보유국 북한이 여전히 대남 적개심과 사회주의 수령독재를 유지하는 한, 허울뿐인 종전선언과 평화협정

* 민주주의 국가들 사이에서는 무력충돌이나 전쟁 가능성이 낮다는 이론으로서 칸트의 영구평화론이 사상적 기원이며 실제 역사상의 전쟁 분석을 통해 통계적으로 검증하기도 했다.

이라는 문서만으로 한반도에 안정적 평화가 정착되기는 힘들다. 이제는 평화체제가 만병통치약으로 오인되는 것보다 북한체제의 근본적 변화가 한반도 평화의 충분조건임을 깨달아야 한다. 평화체제가 비핵화를 성공시키는 게 아니라 북한정권의 성격변화가 북한 스스로의 핵포기를 가져오는 필수조건임을 인식해야 한다.

남북관계가 파탄나고 북미협상이 얼어붙은 상황에서도 종전선언에 집착하는 문재인 정부의 고집이야말로 평화체제만 만들면 북이 핵을 포기하고 한반도 평화가 정착될 것이라는 과거 회귀의 고장난 레코드판에 불과하다.

이미 2007년 10.4정상선언에도 종전선언이 합의되었지만 성사되지 못했고 당시 종전선언의 실효성은 지금과 달리 북이 핵무장국가가 되기 이전이었다. 핵개발 중인 당시 북한과 이미 핵보유국이 되어버린 지금의 북한은 게임체인저 상황이고 2021년 8차 당대회에서 당규약 개정을 통해 '강력한 국방력으로 군사적 위협을 제압'해서 '조국통일을 이루겠다'고 명시함으로써 이미 김정은의 북한은 '핵포기를 포기'한 상태이다.

십수년전 핵보유국이 되기 이전에 고안되었던 종전선언

을, 이미 핵무장국인 북한이 우리 남한을 겨냥한 다종다양한 단거리 전술핵무기를 배치하고 있는 지금에도 유용하고 정당하다고 믿는 것이야말로 고장난 레코드판의 절정이다. 평화협정은 상대국가가 전쟁에서 항복하는 강화조약이거나 군사적으로 완전 굴복해서 군대를 철수할 때만 현실적인 작동이 가능한 역사성을 갖고 있다. 2차 세계대전 이후 일본의 항복으로 체결된 '샌프란시스코 평화조약'이 그렇고 1973년 미국이 베트남 철수를 합의한 '파리평화협정'이 그렇다.

 북한의 남한에 대한 적대성과 전쟁의지가 사라지지 않고 오히려 강화되고 있는 현실에서 평화협정과 종전선언은 그래서 비현실적인 몽상일 뿐이다. 비현실적인 평화체제론에 집착하기보다 전략적인 민주평화론의 대북정책을 고민해야 하는 이유이다.

올바른 대북인식:
친북과 반북을 넘어

① 극단적 북한인식의 현주소

남한 사람이 북한을 제대로 인식하기란 어떤 의미에서 장님이 코끼리를 만지는 격일 수 있다. 북한이라는 사회의 '실체'는 엄연히 존재하는 것일 테지만 그것에 대한 우리의 설명은 각양각색이다. 북에 대한 무지는 어찌 보면 우리가 살고 있는 분단 상황의 산물이기도 하다.

한때 북한은 '뿔 달린 악마'가 사는 땅으로 인식되었다. 그리고 그곳에 사는 악마들을 무찌르기 위해서라도 어서 빨리 통일을 해야 하는 것으로 배웠다. 이른바 '실지(失地)회복'과 '고토(故土)점령'의 냉전적 시각을 통해서만 북한에 대한 정보를 접할 수 있었다. 그러나 1980년대 후반 대학생들의 통일운동과 '북한바로알기운동'의 전개 그리고 연이은 남한인사의 방북으로 북한의 실체적 진실에 대한 진보진영의 관심은 급속히 확대되었고 그 결과 북한은 남한사회의 병폐와 모순을 해결해줄 수 있는 '이상향'으로 받아들여졌다. 이른바 '냉전적 시각'에 대한 반동(反動)으로 '친북적 시각'이 등장한 것이다.

냉전시대 교육받은 반북주의와 탈냉전 시대 형성된 친북주의는 아직도 우리 사회에 남아서 남남갈등의 핵심 원인이 되고 있다. 무조건 북을 악마화하고 적대시하면서 북한 주민 전체를 타도의 대상이자 제거의 대상으로 간주하는 맹목적 반북주의는 2018년 남북정상회담과 북미정상회담의 역사적 국면에서도 협상 자체를 위장 평화쇼로 폄훼하고 북한 협상대표에게도 적대적 인식을 드러냈다. 반대로 무조건 북을 찬양하고 김정은을 정당화하는 극단적 친북주의는 2018년 김정은 답방을 환영하기 위한 목적으로 '백두칭송위원회'를 결성해 광화문에서 김정은 찬양 캠페인을 벌이기도 했다. 동일한 실체인 북한을 놓고 맹목적 반북과 극단적 친북은 화해할 수 없는 양 극단의 주장으로 대결하고 있는 것이다.

'맹목적 반북주의'와 '극단적 친북주의'의 대립은 대북인식의 관점에서 깊은 불신과 감정의 골을 패어놓았다. 친북은 반북을 냉전시대의 괴물로 간주하고 반북은 친북을 반체제의 종북세력으로 비난한다. 상대를 이해하기는커녕 상호 적개심만 키우고 있는 형국인 것이다.

그러나 북한에 대한 객관적 인식은 반북과 친북의 양 편향에서 벗어난 중간 어딘가에 국민 대다수가 동의하는 합리적인 지점이 존재할 것이다. 이를 전제로 나는 애북(愛北)과 지북(知北)을 강조함으로써 반북주의가 가지는 '과도한 대북 적개심'을 비판하고 아울러 친북주의가 가지는 '비현실적 북한추수'를 경계하고자 한다. 지북과 애북의 입장에서 결론부터 말한다면 반북주의는 애북이 없는 '폭군 같은 야만스러움'의 전형이고 친북주의는 지북에 소홀함으로써 '괴물을 괴물로 보지 못하는 어리석음'이라 할 수 있다.

② **북한의 현실과 입장에 대한 인식**

반북주의와 친북주의가 가장 큰 차이를 보이는 대북인식의 지점은 크게 북한의 '현실(reality)'과 북한의 '입장(position)'에 관한 것으로 구별할 수 있다.

우선 북한의 '현실'에 대한 입장 차이를 보자. '북한사회는 과연 망할 것인가?' '북한의 경제난은 어느 정도이고 해결 가능한가?' 그리고 '북한의 체제정당성과 사회적 통합력은 어느 정도인가?'에 이르기까지 지금 북한의 '현실'에 대한 우리 사회의 인식은 극단적으로 엇갈린다.

  이른바 '맹목적 반북주의'의 관점에서는 두말할 것도 없이 북한사회의 현실에 대해 극히 부정적이고 냉소적인 결론을 내리고 있다. 이에 따르면 북한은 망할 수밖에 없으며 또 북한의 모순은 일시적이고 우연한 것이 아니라 구조적이고 본질적인 것이기 때문에 회생의 여지가 없다고 확신한다. 나아가 북한체제의 정당성은 애초부터 존재하지 않으며 그 체제는 공포정치와 통제장치가 지배하는 비민주적이고 비인권적인 사회에 다름 아닌 것으로 평가된다. 때문에 북한의 장래는 민중적 저항과 봉기에 의해 정권이 타도되거나 남한으로의 흡수통일로 귀결될 수밖에 없다는 것이다. 이처럼 북이 악마의 화신으로, 기괴한 맹신도들의 집단으로, 처참하기 이를 데 없는 생지옥으로 묘사되는 '맹목적 반북주의'의 북한인식은 지난 수십 년 동안 지속되어온 냉전적 북한 인식이 아직도 끈질기게 우리 사회에 자리 잡고 있음을 의미한다.

  똑같은 북한 '현실'에 대해 극단적 친북주의의 입장은 완전히 다른 결론에 도달한다. 북한의 경제난은 미국과 국제사회의 제재라는 외부적 요인에서 기인하는 것이고 당장 어렵더라도 자신들의 '사회주의'를 지켜내겠다는 단호한 의지는 아직도 상당하며 따라서 정권과 인민과의 통합 정도는 매우 높은 편으로서 북한 붕괴보다 체제유지에 성공할 것이라고 평가한다. 북한의 현실적 어려움을 인정하면서도 이를 침소봉대하여 북한을 맹목적으로 비난하는 반북적 자세는 옳지 않다는 입장인 것이다. 북한 현실에 대한 친북주의적 입장은 통일의 한쪽 주체이자 언젠가는 같이 살아야 할 북한을 애정 어린 눈으로 보는 걸 넘어 객관적 현실을 외면하는 오류에 빠지고 만다.

다음으로 반북주의와 친북주의가 상충하는 지점은 북한의 '입장'에 관한 것이다. 그중에서도 특히 통일정책과 대남정책에 대한 북한의 입장을 놓고 완전히 다른 평가가 제출된다. 반북주의에 따르면 북한은 결코 통일을 원하지 않으며 자신들의 억압적 체제유지를 위해서도 통일이나 심지어 남한과의 교류협력, 개혁개방마저 결코 희망하지 않는다. 연방제나 민간 차원의 교류주장 등은 북한의 허구적 수사일 뿐이라는 것이다. 따라서 이들은 남한의 화해협력정책도 북한체제의 생명연장에 이용될 뿐이라면서 북한주민의 인권을 위해 남한 중심의 흡수통일이 하루라도 빨리 실현되어야 한다고 결론짓는다.

  친북주의는 북한의 통일정책이 여전히 정당하며 남한 정부나 미국에 대해 북한이 진정으로 통일을 원하고 있음을 누누이 강조한다. 경제적으로 어렵지만 그럼에도 북한은 연방제 통일을 이루기 위해 노력하고 있으며 이는 여태까지 내세웠던 통일의 3대 원칙이 조금도 흐트러짐 없이 관철되는 것이라고 평가한다. 따라서 이들에게 통일을 원하지 않거나 영구 분단을 획책하는 세력 혹은 미국에 예속된 비자주적인 세력은 여전히 남한 측이다. 그리고 자주, 평화, 민족대단결의 3대원칙을 훼손하고 가로막는 세력 역시 남한 정부이거나 이에 동조하는 반민족적 반북세력들이다.

③ 반북주의와 친북주의의 오류

'맹목적 반북주의'의 오류는 무엇보다도 이들의 대북인식이 사실보다 과대포장되어 있다는 점이다. 북한의 사회주의 체제가 갖는 구조적 모순과 오랫동안 지속되고 있는 경제적 위기는 분명 사실이지만 북한 체제가 갖는 특수한 내구력과 생존의 능력이 다른 한편 존재하는 것도 사실이다. 수십만이 아사한 고난의 행군에도 북은 망하지 않고 지금까지 체제유지를 지속하고 있고 따라서 반북주의에 입각한 대북인식은 위기에도 불구하고 나름 체제통합과 버티기에 성공하고 있는 현실의 북한을 있는 그대로 객관적으로 이해하는 데 오히려 장애가 될 수도 있다. 북한의 문제점 지적을 넘어 당장 저절로 망할 것이라는 조기붕괴론에 매몰되어 있다면 그건 분명 객관적 인식에 부족하다 할 것이다.

반북주의의 오류는 또한 그들의 주장이 남북한 화해협력 증진에 결과적으로 도움이 되지 않는다는 점이다. 그들은 북한에 대해 비판할 것은 비판해야 한다고 주장한다. 대북인식에서 성역과 금기는 사라져야 한다는 것이다. 그러나 그들의 북한 인식이 애당초 객관적 자료와 분석에 의거한 것이 아닌 이상 그들의 반북주의가 가져오는 효과는 반북이데올로기의 확대강화에 기여할 수 있다. 아직도 우리 사회의 대북인식은 반북의 이데올로기가 지배적이다. 북한에 대해 우리는 사실 확인이 되지 않은 선정적이고 충격적인 내용을 여전히 무의식적으로 믿고 있다.

결국 '반북주의'는 북에 대한 애정결핍증을 깔고 있다. 어떤 이유에서인지는 몰라도 북한에 대한 불타는 적개심과 맹목적 혐오증이 있을 뿐 북의 현실과 그곳에서 삶을 꾸려가는

'동포'에 대한 애정은 사라진 지 오래이다. 따라서 북의 현실을 멋대로 재단하고 그 기준에 맞춰 체제붕괴를 앞당겨야 한다는 논리는 북에 대한 객관적 지식이 결여된 소치이다. 그리고 이는 우리의 대북인식에서도 적대 지향적인 반북논리만을 강화시켜주는 행위이다.

'극단적 친북주의'의 오류는 북의 현실을 과도하게 이상화하고 북의 잘못과 모순마저도 지나치게 정당화하고 합리화한다는 점이다. 친북주의는 북한을 인정하고 이해하는 걸 넘어 북한을 찬양하고 칭송한다. 냉전적인 선험과 편견에서 벗어나자고 강조하면서 사실은 또 다른 의미의 친북적 선험과 편견에 사로잡혀 있다.

친북주의가 북한체제를 '이해'하고 실체로 '인정'한다고 해서 북한사회를 무조건 따르거나 신비화하는 것은 결코 객관적인 대북인식이 아니다. 이해한다는(understand) 것이 곧 우리 사회의 대안으로 용인한다는(accept) 것은 아니며, 실체로서의 존재를 인정한다는(admit) 것이 곧 우리가 지향해야 할 모델로서 따르는(admire) 것은 결코 아니다. 냉전의 색안경에 덧씌워진 반북주의의 북한 인식을 반박하기 위해 보다 균형적이고 보다 객관적인 시각으로 북한을 이해하는 것은 분명 필요한 일이겠지만 그것이 정도를 넘어 또 다른 편향으로 북한의 현실을 왜곡하는 것은 위험하다. 지금까지의 반북반공 논리가 북의 현실을 무조건 부정적인 것으로 인식하게 했다는 이유로 북의 현실을 무조건 긍정적으로 보려는 경향은 반북과 마찬가지로 경계해야 할 관점이기 때문이다. 우리가 분단상황에 사로잡히지 않고 북을 제대로 인식하기 위해서는 지금까지의 반북논리만큼이나 무조건적인 숭북(崇北) 역시 자제해야 한다. 북한을 문제투성이로 바라보는 반북과 마찬가지로 북한을 이상향으로 여기는 것은 또 한 번의 편향일 뿐이다.

북을 객관적으로 편견 없이 인식하는 것은 부정적 편견뿐 아니라 긍정의 편견도 극복해야 한다. 오랫동안 반북의 냉전의식이 지배적이었기 때문에 통일 지향의 북한 인식을 강화하는 '애북적' 관점이 필요할 수 있지만 애북이 감당할 수 없는 맹복적 친북에까지 경도되어서는 안 된다. 일관되게 북에 대한 애정을 견지할 수 있는 것은 북을 있는 그대로 보는 것이지 반북도 친북도 결코 아닌 것이다.

친북주의가 가지는 또 하나의 위험성은 북한의 '입장'에 대한 인식에서 나타난다. 북한의 통일정책과 대남정책을 인식할 때 친북주의는 지나치게 교조적인 입장을 보인다. 친북주의는 북한의 공식적 선언이나 공식매체의 발표 그리고 공식간행물의 주장만을 믿고 그것이 바로 북한의 입장이라고 간주한다. 그러나 북한의 '입장'을 객관적으로 제대로 인식하는 것은 그렇게 간단한 것이 아니다. 북한 역시 실재하는 '국가'이며 따라서 현실적으로 국가가 수행해야 하는 역할을 포기할 수 없다. 공식담론을 통해서는 남한 정권의 타도를 주장하지만 다른 한편으로 북한이라는 국가는 실존하는 남한 정권과 대화를 진행할 수밖에 없다. 공식적으로 국정원의 해체를 주장하지만 실제적으로는 북한 역시 한국의 국정원과의 관계를 통해 일정한 자신들의 입지를 마련해야 한다. 어느 국가든 자신들이 내세우는 대외정책의 원칙을 고집하면서도 실제에서는 다른 나라와의 이면 대화를 할 수밖에 없다. 하물며 군사적으로 대치하고 있는 남북한에서야 두말할 나위도 없다. 이 같은 현실을 감안한다면 우리는 북한의 '입장'을 인식하는 데서 현실적 국가로서 취할 수밖에 없는 '이중성'을 간파해야 한다.

북한의 원칙적 입장에서 김대중 정부의 햇볕정책은 '내부 와해전략'으로 규정될 수 있다. 따라서 공식매체에서 이를 두고 비난하는 것은 당연하다. 그러나 이것만이 햇볕정책에 대한 북한의 입장을 파악하는 전부가 되어서는 안 된다. 원칙적으로 비난하는 한편, 북은 비공식적으로 햇볕정책에서 얻을 것을 얻으려는 '주체적' 입장을 보이게 마련이다. 비핵화에 대한 북한의 입장도 마찬가지이다. 한반도 비핵화라는 공식합의에도 불구하고 김정은의 이해득실에서는 핵포기보다 끈질긴 핵보유의 의지가 훨씬 더 북한의 객관적 입장에 가깝다. 이 같은 현실에서의 이중성을 제대로 인식하지 못할 때 북한의 대남정책에 대한 객관적 입장은 제대로 파악하기 힘들다. 북한의 '입장'을 현실적으로 파악하지 못하고 북의 공식담론과 선전선동에만 매몰되어 있는 친북주의는 따라서 오류일 수밖에 없다.

④ **친북과 반북을 넘어: 지북(知北)과 애북(愛北)의 관점**
친북주의와 반북주의는 모두 체제대안적 대북관이라는 점에서 공통점을 가지고 있고 바로 이 점 때문에 각각의 한계를 갖는다. 기본적으로 반북주의는 북한사회를 남한사회로 개조해야 한다는 '북한민주화론'이고 친북주의는 북한사회가 남한사회의 모델이 될 수 있다는 '북한대안론'이다.

반북주의는 평화공존을 방해하고 남북 간의 대결을 격화시키는 냉전시대의 산물이다. 우리가 지향하는 흡수통일은 통일과정에서 피를 흘리지 않고 폭력이 수반되지 않는 평화적 흡수통일이어야 한다. 내전을 겪은 예멘의 무력통일이 아니라 동독주민의 선택에 의한 독일의 평화적 통일이어야 한다. 북한 주민의 마음을 사고 북한 주민의 자발적 선택을 이끌어 낼 수 있는 평화통일은 냉전적 반북주의가 횡행해서는 사실상 불가능하다. 북을 타도의 대상으로 악마화하는 반북주의는 당연히 북한주민의 대남 적개심을 재생산할 수밖에 없기 때문이다. 결국 맹목적 반북주의야말로 통일 과정에서 폭력과 갈등을 초래할 수 있는 위험한 대북인식임을 알 수 있다.

친북주의 역시 문제가 있기는 마찬가지이다. 친북주의는 북에 사는 사람들의 논리는 될지언정 남에 사는 사람들의 입장으로는 결코 용납될 수 없다. 남한에 사는 우리가 북에 사는 사람들의 마음가짐과 입장을 그대로 갖는 것은 현실적으로도 불가능하고 통일에도 도움이 되지 못한다. 오히려 우리에게 필요한 것은 북에 사는 사람으로서의 마음가짐이 아니라 남에 사는 사람으로서 어떻게 북한의 변화를 돕고 평화로운 통일을 준비할 것인가이다. 우리는 북한에 사는 것이 아니라 남한에 살고 있기 때문이다.

바로 여기에서 친북과 반북 대신 '애북과 지북'의 관점이 요구된다. 북한 주민을 사랑하고 이해하는 마음 없이 우리에게 통일은 공염불이고 수사에 불과하다. 사랑 없이 같이 산다는 것은 어불성설이기 때문이다. 애북은 말 그대로 북한 주민을 통일 지향적 입장에서 이해하고 받아들이는 애정의 관점이다. 반북주의가 결여한 가장 큰 것이 바로 애북임은 말할 것도 없다.

그러나 애북의 관점은 반드시 지북과 결합되어야 한다. 지북 없이 애북만을 앞세울 때 그것은 감정적인 친북으로 흐르게 되고 이는 극단적인 북한찬양으로 객관성마저 잃게 된다. 자의적 평가에 의해 대북 비난에만 열을 올리는 반북주의 역시 지북이 없기 때문임을 감안한다면 지북이야말로 반북도 친북도 극복할 수 있는 필요조건이 분명하다.

결국 애북과 지북은 우리에게 말 그대로의 '북한바로알기'를 다시 한번 요구하는 것이다. 1980년대의 북한바로알기는 수십 년간 지속되었던 냉전적 대북인식을 극복하고 북한을 바로 '알기' 위한 것이었다. 그 속에는 이미 지북의 당위가 존재했었다. 따라서 지금 시기 우리에게 필요한 애북과 지북의 관점 역시 '친북'과 '반북'을 넘어서기 위한 또 한 번의 '북한바로알기'이다.

4

북핵해법의 새로운 모색

그동안 북핵 협상은 합의와 결렬, 대화와 위기의 롤러코스터를 겪으면서 협상에 성공하기 힘든 흑역사를 노정한 게 사실이다. 25년여의 협상 실패를 거울삼아 이젠 북핵문제의 평화적 해결이 사실상 어려운 게 아니냐는 회의론이 팽배한 것도 사실이다. 2018년의 비핵화 협상은 마지막 시험대로서 극적 기대와 함께 극적 좌절을 동시에 결과했다. 과연 북핵문제가 평화적 방법으로 협상에 의해 해결될 수 있는지 최종의 결론을 내려야 할 시점이 다가오고 있다.

북핵해법에 관한 불편한 진실

이미 북한은 핵보유 국가다. '양탄일성(兩彈一星)'*을 이미 확보했고 공식적으로 국가 핵무력의 완성을 선언한 지 오래다. 8차 당대회에서 압도적 국방력으로 외부의 위협을 제압한다는 자신감도 핵무력의 바탕에서 연원한다.

북핵문제가 게임체인저가 된 것은 이미 오래전인데도 아직도 과거 답습적인 해법을 고집하는 시각이 많다. 핵개발 중인 북한에게 적용했던 북핵해법을 게임체인저 이후 핵무장 국가인 북한에게도 그대로 적용하려는 철 지난 환상은 오히려 북핵해결이 아니라 북핵악화를 초래할 뿐이다. 이명박 박근혜 정부의 대북 제재 만능론도, 문재인 정부의 대북 협상 만능론도 이제 북핵해법으로는 적실성을 잃은 지 오래되었다.

북핵을 제거하는 방법은 현실적으로 세 가지가 있다. 그러나 지금

---

*1960년대 중국의 핵미사일 개발 모델로서 원자탄, 수소폭탄, 인공위성의 3종 세트를 확보함으로써 이후 체제 자신감을 토대로 1970년대 미국과의 관계정상화를 이룬 것으로 평가하고 있다.

은 마땅한 해법이 되지 못한다는 '불편한 진실'을 우리는 마주하고 있다.

첫째는 강제로 핵무기를 탈취하는 방법이다. 군사적 방법으로 김정은의 핵물질과 핵시설, 핵폭탄과 핵미사일을 일거에 제거하는 것이다. 대량살상무기 제거라는 명분으로 미국이 이라크를 침공했던 방식이다. 결국 미국이 승리하고 후세인은 사형되었다.

그러나 한반도의 현실은 이라크와 근본적으로 다르다. 군사적 수단으로 강제탈취에 나서려면 적어도 세 가지의 확실성이 담보되어야 한다. 즉 공격 목표의 위치가 정확히 파악되어야 하고, 공격할 경우 북한이 군사적 보복을 하지 않는다는 확신이 있어야 하며, 중국이 어떤 경우에도 개입하지 않을 것이라는 확신이 있어야만 한다. 셋 중 하나라도, 단 1퍼센트의 불확실성이 존재해도 한반도에서 군사적 옵션은 결심할 수 없다. 한반도에서 전면전을 각오하는 것은 아직 무리다. 1994년 영변 폭격이 막판에 철회된 이유다. 북핵 해법으로 군사적 옵션은 여전히 비현실적인 게 사실이다. 그러나 다른 대안이 없을 경우 우리는 군사적 옵션을 피해서도 안 된다. 군사적 옵션이 해법이 될 수는 없지만 군사적 옵션은 항상 준비되어야 한다.

둘째는 김정은이 스스로 핵무기를 내놓는 방식이다. 최근 강화되고 있는 유엔 제재가 김정은을 옥죄고 북한체제의 내구력을 무력화시킨다면 결국은 견디지 못하고 핵무기를 포기할 것이라는 생각이다.

그러나 북한의 현실은 간단치 않다. 이미 북한은 대북제재 강화를 거치면서도 오히려 경제상황이 호전되었다는 평가를 받고 있다. 여기저기 제재의 구멍이 뚫려있는 것도 사실이다. 그러나 제재가 만병통치약이 아닌 본질적 이유는 김정은에게 핵이 가진 의미 때문이다. 김정은은 자신의 생존을 위해 핵무기에 집착하고 있다. 핵무기를 포기해서 서방에게 제거당한 카다피의 교훈을 반복해서 강조한다. '생존'을 위한 핵무기는 대북제재로 인한 '고통' 정도로 포기할 수 없다. 살기 위한 핵무기인데 제재로 고통스럽다고 포기할 리가 만무하다.

더욱이 중국은 북을 고통스럽게 할 정도는 찬성하지만 정작 북을 붕괴시킬 정도의 제재는 아직 찬성할 생각이 없다. 제재만으로 북핵해법이 부족한 이유다. 그럼에도 북의 잘못된 행동에 대해서는 꾸준히 일관되게 제재를 지속해야 한다.

제재를 포기하면 북한에 대한 우리의 카드를 스스로 버리는 셈이 된다. 제재가 북핵해결의 만능이 되지 못한다고 해서 제재 자체를 아예 무용하다고 버리는 건 또 다른 잘못이다. 제재로 모든 걸 해결할 수 있다는 만능론도 피해야 하지만 제재가 아예 필요 없다는 무용론 역시 피해야 한다.

북핵제거를 위한 셋째 방법은 협상을 통한 거래다. 김정은이 핵무기를 흥정에 붙이고 거래가 이뤄지는 방식이다. 협상을 통해 핵포기의 대가를 지불하는 방식이다. 그동안 6자회담이나 북미 양자협상 등의 방식이었다. 대화를 통한 평화적 해결이라는 문 대통령의 접근이 바로 이것이다.

그러나 이 역시 지금은 상황이 다르다. 당장 김정은은 핵을 팔고 싶은 생각이 전혀 없다. 비핵화에 동의해야 핵무기 가격이 흥정될 텐데 김정일과 달리 김정은은 핵무기를 흥정에 붙일 생각이 없다. 거래를 위해서는 장이 서야 하는데 지금은 장도 서지 않는다. 문 대통령이 북한과 대화를 아무리 강조해도 김정은은 한사코 거부하고 있다. 어렵게 협상이 시작된다 해도 이미 물건값이 치솟아서 파는 쪽도 사는 쪽도 쉽사리 거래가 형성되기 어렵다. 김정은은 비핵화와 평화체제 병행마저 거부하고 비핵화 말고 평화체제만 먼저 논의하자는 입장이다. 도저히 우리가 살 수 없는 가격을 부르고 있는 셈이다. 협상이 가장 평화적이고 바람직하지만 이제 북핵 상황은 타협과 거래 가능성을 지나버렸다. 협상을 통한 해결은 비현실적이지만 그래도 상황 관리용 협상은 여전히 필요하다. 협상의 문을 열어놓되 협상에 매달리고 구걸할 필요는 없다.

군사적 옵션의 강제적 탈취도, 못 견뎌 스스로 내놓게 하는 제재도, 흥정 붙여 거래하는 협상의 방식도 지금에 와서는 마땅치가 않다. 군사적 옵션에 집착해서도 안 되고 제재만능주의에 빠져서도 안 되며 가능치도 않은 협상에만 나이브하게 기대해서도 안 된다. 지금까지와는 전혀 다른 새로운 북핵해법이 절실하다.

비핵화 사례:
성공 요인과 실패 요인

북핵해법의 새로운 모델을 모색하려면 문재인 정부의 북핵 접근법을 포함해서 기존의 비핵화 사례를 분석하고 성공과 실패의 교훈을 도출하고 이를 한반도의 현실과 북한의 특성에 반영해서 최적의 성공적인 비핵화 해법을 찾아내야 한다. 새로운 북핵해법이라 하더라도 한반도의 특성상 군사적 옵션이나 핵묵인의 결과는 배제해야 한다. 군사적 방법을 통한 이라크 모델이나 결과적으로 핵무기를 묵인하는 인도·파키스탄 모델은 그래서 우리의 북핵해법에서 원천 배제될 수밖에 없다.

① 우크라이나 모델: 핵기술의 취약성

소연방 해체 이후 갑작스럽게 핵보유국이 되어버린 우크라이나는 미국 러시아 등 서방의 비핵화 압력과 핵포기 대가로 경제지원과 안전보장을 받는 조건하에 스스로 비핵화를 선택했다. 소련과 긴장관계에 있던 우크라이나가 일부의 반대에도 불구하고 고민 끝에 자국 영토 내의 모든 핵탄두를 러시아로 이전하고 비핵국가로서 1994년 NPT 회원국과 IAEA에 가입하고 미국이 추진한 협력적 위협감축(CTR) 프로그램으로 결국 1996년 6월 1일 비핵화를 완료했다.

비핵화가 어려울 것으로 예상되었던 우크라이나가 선뜻 신속한 비핵화에 나선 데는 대내외적 요인이 작용했다. 준비 없이 맞은 독립상황에서 핵보유를 선택할 경우 러시아와 서방과의 관계악화가 부담스러웠고 오히려 핵을 포기함으로써 미국과 러시아의 안전보장과 대규모 경제지원의 이익을 취하는 것이 독립 초기 불안정한 상황에서 나라의 안정을 회복하고 정치경제적 정상화를 꾀하는 데 도움이 될 것이라는 판단이었다. 결국 우크라이나의 자발적 비핵화 결정에는 소연방에서 막 분리된 당시의 정치경제적 어려움이 배경으로 작용하면서 핵보유의 선택보다는 핵포기를 통해 대외적 안전보장과 대규모 경제지원이라는 이익을 얻어내는 것이 더 중요하게 고려되었다.

그러나 우크라이나만의 특별한 요인이 자발적 비핵화에 핵심적으로 작용했다. 즉 핵을 가진 국가의 비핵화 요인으로 우크라이나는 애써 만든 핵무기가 아닌 갑자기 갖게 된 핵무기였다는 점이 비핵화를 가능케 한 핵심요인이었다. 독자적으로 오랫동안 노력을 기울여 만든 핵무기가 아니라 소연방의 해체로 갑자기 떠안게 된 핵무기였기 때문에 사실상 새로 독립한 우크라이나는 핵에 대한 집착이 약했고 핵관리 기술이 부재했다. 핵무기를 관리할 전담기구와 절차와 전문가가 결여되었고 심지어 당시 전략핵무기는 소련의 코드 조응 없이는 발사가 어려운 전자장치가 내장되었기 때문에 우크라이나 독자적으로 핵무기를 운용할 수도 없었다. 우크라이나의 핵무기는 미국과 서유럽을 겨냥한 전략핵무기였기 때문에 실제 독립 이후 자국안보를 위해 필요한 전술핵무기로의 변환이 필요한데 이 역시 기술적 능력의 부재로 불가능한 상황이었다. 더욱이 갑작스러운 핵보유 상태에서 핵무기의 관리통제에는 수십억 달러의 고비용이 필요하기도 했다. 결국 우크라이나는 갑자기 갖게 된 핵무기를 관리통제할 수 있는 기술적 취약성과 재정적 어려움이 사실 핵포기의 결정적 이유였다. 핵관리 기술의 부재와 더불어 당시 독립 초기의 지도자들이 탈사회주의 정권으로서 개혁개방 의지를 가지고 체제전환을 이끌었다는 점에서도 국내 정권의 정치적 변화의지가 핵포기의 주요 요인으로 작용했다.

② 리비아 모델: 제재의 효과

리비아는 아랍권에서의 영향력과 반(反)이스라엘 정책을 위해 핵개발에 착수했고 NPT 비준 이후에도 불법적으로 핵활동을 지속했다. 1988년 미국 팬암항공기 폭파사건으로 국제사회는 리비아에 대해 강력한 경제봉쇄조치를 단행했고 석유수출 규제와 해외자산 동결 등이 지속되면서 리비아는 경제적 어려움에 봉착했다. 강화되는 국제사회의 경제제재에 더하여 테러와의 전쟁으로 미국이 이라크 공격에 나서자 2003년 3월 카다피는 모든 대량살상무기의 포기의사를 밝히고 결국 2003년 12월 핵물질과 핵시설 등의 포기를 선언한 데 이어 IAEA의 감시하에 모든 핵시설을 해체하고 NPT 추가의정서에 서명했다.

리비아가 핵포기의 결심을 한 것은 오랫동안 지속된 경제적·외교적 제재의 효과가 핵심이었다. 석유수출이 봉쇄되고 해외자산이 동결됨으로써 카다피는 정치경제적 불안정에 시달려야 했다. 석유수출에 의존해야 하는 리비아 경제로서는 치명적 타격을 입었을 뿐 아니라 정치적으로 막대한 희생을 감수해야 했다. 약한 제재는 핵보유 의지를 증대시키지만 제재 피해가 증대하면 결국 비핵화를 선택하게 되는 교훈이기도 하다.

카다피 정권이 감내하기 어려운 제재의 효과에 더하여 리비아는 부시 행정부가 감행한 2003년 이라크 공격을 목도하면서 이라크의 전철을 밟지 않기 위해 핵포기의 결정을 내린 측면도 있다. 체니 부통령의 주장처럼 리비아의 핵포기 결정이 사담 후세인의 체포 5일 후에 있었다는 점을 들어 군사적 공격의 위협이 작용했다는 해석도 가능하다. 또한 리비아는 집요하게 추진했던 핵기술 확보에 실패함으로써 핵무기 보유가 현실적으로 불가능하다는 점을 인식했기 때문에 핵포기의 결심이 가능했던 측면도 있다. 결과적으로 리비아 모델은 핵무기를 확보하기 전에 핵프로그램을 포기한 경우로서 오랜 제재의 효과와 군사적 위협의 효과가 작동하면서 핵기술과 핵능력의 부족이라는 현실에서 더 이상 핵개발을 추진할 수 없게 된 사례라고 볼 수 있다.

③ **남아공 모델: 정권교체**

남아공은 1974년부터 비밀리에 핵개발을 시작해서 6기의 핵폭탄을 제조했다. 명분은 소련의 팽창주의의 위협이었고 1975년 쿠바군의 앙골라 사태 개입 이후 자국의 억지력 확보라는 필요성 때문에 핵개발을 추진했다. 남아공은 핵폐기를 조건으로 보상을 요구하지 않은 채 스스로 핵폐기를 선언한 경우다. 데클레르크 대통령은 1989년 9월 대통령 당선 직후 핵무기 폐기와 핵확산금지조약 가입 검토를 지시했고 1990년 1월 핵무기 폐기 일정을 마련했다. 이후 남아공은 1991년 핵프로그램을 중단하고 1993년 3월 데클레르크 대통령은 의회연설을 통해 핵무기 보유사실과 자발적 폐기를 선언했다.

남아공의 핵폐기를 가능케 한 요인은 1980년대말 냉전종식에 따른 남아공 안보환경의 변화였다. 남아공에 대한 소련의 팽창주의적 위협이 사라졌고 핵개발의 직접 동기가 되었던 앙골라 주둔 쿠바군이 1988년 철수함으로써 남아공의 안보위협은 상당부분 해소되었다. 사회주의권 변화에 따른 안보환경의 변화에 더하여 남아공의 자발적 핵폐기의 결정적 요인은 남아공의 국내 정치적 변화를 들 수 있다. 백인독재정권이 인종차별정책을 포기하고 민주화의 경로를 선택함으로써 정권의 정치적 성격변화로 인해 스스로 안보환경의 변화를 결과하고 핵포기를 결심할 수 있게 되었다. 데클레르크 정부가 인종차별정책의 포기와 민주화 과도정부로 자리매김 되면서 국내 정권의 성격변화로 인해 남아공은 핵포기를 선택할 수 있는 국내적 환경을 만들어낸 것이다.

결국 남아공의 자발적 핵포기의 핵심요인은 스스로 국제적 고립을 자초했던 인종차별정책을 포기하고 민주화의 길을 선택함으로써 핵보유가 필요했던 적대적 안보환경에서 핵포기가 가능한 우호적 안보환경으로 전환시켰다는 점이다. 즉 내부의 정권교체와 민주화를 통해 핵개발의 원인이었던 안보위협을 스스로 해소해버린 것이다.

④ 파키스탄 모델: 상대국과의 오랜 적대관계

파키스탄은 인도와의 대결관계에서 핵개발이 비롯되었다. 1965년과 1971년의 두 차례 전쟁을 치렀던 인도가 핵개발을 시작하자 안보적 위협 때문에 파키스탄 역시 핵개발에 나섰다. 1974년 인도의 핵실험 이후 부토 대통령은 'Project 706'이라는 이름하에 중국의 지원으로 핵개발을 시작했고 우여곡절 끝에 파키스탄은 1998년 6차례의 핵실험으로 핵무기 확보에 성공했다. 핵실험 이후 국제사회는 제재를 시행했지만 대북포용 사태 이후 미국은 대테러전쟁과 아프간 전쟁을 위해 파키스탄과의 협력필요성을 절감하고 결국은 핵보유를 묵인한 채 관계개선과 경제군사 원조를 제공했다. 2005년 부시 대통령은 파키스탄에 非나토 동맹국의 지위를 부여하면서 전략적 관계를 확인했다. 미국은 대테러전쟁을 계기로 파키스탄의 핵보유를 묵인하고 핵확산 방지로 정책을 선회하게 된 셈이다.

파키스탄 모델이 비핵화 실패이자 핵보유 묵인형으로 결과된 요인은 무엇일까? 제재에도 불구하고 일관되게 지속된 파키스탄의 핵보유는 전적으로 인도와의 관계에서 설명될 수 있다. 인도의 핵보유라는 안보적 요인과 인도에 뒤질 수 없다는 국내 정치적 요인 모두 인도와의 관계로부터 비롯된 것이다. 인도와의 오랜 분쟁과 전쟁 그리고 지속되는 갈등관계가 사실은 파키스탄 핵무장의 처음과 끝을 설명하고 있는 셈이다. 핵개발을 시작한 부토에 따르면 '파키스탄은 풀을 뜯어 먹고 사는 한이 있더라도 핵무기를 개발해야' 했다. 핵실험에 성공한 파키스탄 정부의 첫 일성도 '오늘 우리는 핵폭탄을 터뜨려 인도에 보복했다'는 것이었다. 오랫동안 적대하고 경쟁하고 갈등하는 양국관계에서 일방적으로 핵을 내려놓는 것이 얼마나 어려운 것임을 짐작케 한다.

  또한 파키스탄의 핵묵인은 국제정세의 필요에 의해 파키스탄의 전략적 가치가 상승함으로써 결국은 사후적으로 핵보유 국가로 인정받았다. 초기 1974년 핵무기 개발을 결의한 이후에도 제재와 압력이 시도되었지만 1979년 소련의 아프간 침공으로 미국의 파키스탄에 대한 제재는 상당부분 철회되었다. 마찬가지로 1998년 핵실험 이후에도 제재가 강화되었지만 2001년 대북포용 이후 테러와의 전쟁으로 미국은 다시 파키스탄과의 관계개선을 도모하고 결국은 핵보유 국가로 사실상 묵인되고 말았다. 미국의 전략적 인식의 변화에 의해 핵보유 국가로 사실상 인정받을 수 있는 모델이 된 것이다.

⑤ 비핵화의 성공과 실패 요인들

비핵화에 성공한 사례들을 종합해보면 핵개발 혹은 핵보유 국가가 핵포기로 얻는 이익이 더 크다는 기대를 갖게 하는 점이 공통적이다. 그리고 핵포기의 댓가에 대한 보상과 기대는 뒤집어볼 때 핵보유로 인한 제재의 효과가 일반론적으로 핵포기의 요인으로 작동함을 의미한다. 이미 감수하고 있는 제재이든 향후 예상되는 제재이든 핵보유로 인해 국제사회의 제재가 자국에게 정치경제적으로 견디기 힘든 고통을 제공할 경우 기본적으로 핵포기의 보상에 대한 기대를 갖게 한다.

대부분의 핵포기 사례가 직간접으로 제재의 효과가 작동했지만 제재가 핵심요인으로 작동한 사례는 리비아 모델이다. 오랫동안의 금수조치 등으로 경제적 곤궁과 정치적 불안 및 외교적 고립이 확산되었고 급기야 미국의 이라크 공격이라는 군사적 옵션의 위협이 가시화되자 결국 카다피는 스스로 핵프로그램의 포기를 선언했다.

핵포기의 성공요인으로는 또한 정권교체나 정권의 성격변화가 주요하게 작용함을 알 수 있다. 대부분의 경우 핵개발의 목적은 주변으로부터의 안보위협에 대응하기 위한 것이었고 독재정권 스스로 초래한 대외적인 적대환경에 대응하는 것이었다. 국내 정치적으로 정권교체가 핵포기의 결정적 요인이 된 사례는 남아공이다. 인종차별정책을 지속했던 백인독재정권은 당연히 주변국으로부터 적대적 위협에 시달려야 했고 안보위협에 대응하는 억지력 차원에서 핵무기를 보유하게 되었다. 그러나 남아공 스스로 인종차별정책을 포기하고 민주화를 선택하는 것이 국익에 부합한다고 판단하고 데클레르크 정권의 등장 이후 민주화 과정에서 더 이상 핵무기 보유가 불필요한 상황이 되었다. 아무런 보상 요구 없이 남아공 스스로 자발적 핵무기 해체를 단행한 결정적 이유는 바로 정권교체와 민주화였던 셈이다. 결정적 요인은 아니지만 우크라이나의 비핵화도 소련으로부터 독립 이후 탈사회주의와 개혁개방을 선택한 국내 정치적 환경이 작용했고 리비아 역시 이슬람근본주의자의 도전에 시달리며 나름 정치경제적 개혁을 꾀했던 카다피의 정치적 선택이 작동했다.

핵포기의 성공요인은 또한 핵기술의 취약성과 미흡함이 작용하고 있음을 알 수 있다. 이미 핵무기를 확보하고 핵관리통제의 기술과 능력을 보유하는 경우라면 제재에도 불구하고 정치적 목적하에 핵보유를 고집할 가능성이 높다. 그러나 핵무기를 아직 확보하지 못한 상황이거나 핵무기에 대한 주체적 관리통제 능력과 기술을 갖지 못한 경우라면 외부로터의 제재나 보상 제공에 대해 상대적으로 용이하게 핵포기를 결심할 수 있게 된다.

우크라이나의 경우가 핵무기에 대한 기술적 취약성이 핵심요인으로 작동한 사례이다. 사실 제재가 오랫동안 심하게 작동하지도 않았고 국내 일각에서 핵보유 주장이 제기되었던 상황에서 우크라이나가 결국 미국과 러시아의 안전보장과 경제지원을 믿고 핵포기를 결심한 것은 자신이 자발적으로 개발해서 확보한 핵무기와 기술이 아니라 어느날 갑자기 떠안게 된 타율적 핵보유였기 때문이다. 집착이 없는 만큼 포기도 쉬웠던 셈이다. 리비아 역시 카다피의 오랜 집념에도 불구하고 핵기술 확보와 외부로부터의 핵무기 수입에 실패함으로써 결국 제재를 견디지 못하고 핵포기에 나서게 된 배경이 되었다.

핵포기의 배경으로 대외 안보환경의 변화를 강조하기도 한다. 남아공의 경우 핵개발의 원인이었던 앙골라 주둔 쿠바군의 철수가 안보환경의 변화를 초래함으로써 핵포기를 가능케 했다. 우크라이나도 직접적인 안보환경의 변화는 아니지만 핵보유 시 초래될 급격한 안보환경의 악화를 우려해서 핵포기를 선택했다. 그러나 대외 안보환경의 변화는 핵포기를 가능케 하는 필요조건이나 기대조건으로서 기능하지만 안보환경의 변화가 핵포기를 반드시 결과하지는 않는다고 봐야 한다.

결국 핵포기 사례를 통해 자발적 비핵화가 가능한 요인을 정리해보면 공통적으로 제재의 효과로 인해 핵보유보다 핵포기가 이익이라는 기대가 예상되거나 제공되어야 한다는 전제하에, 핵보유 이전 상황이나 자발적 핵보유가 아닌 경우 핵포기가 수월하며 대부분 정치적 변동과 정권의 성격변화가 필요조건으로 작용하고 대외 안보환경의 변화가 비핵화 선택에 기여하거나 비핵화 이후 보상으로 제공될 수 있음을 알 수 있다.

핵보유 이후 비핵화 대신 핵묵인으로 귀결된 파키스탄 모델에서도 우리는 북한에 주는 시사점을 얻어야 한다. 파키스탄의 비핵화 실패 사례를 통해 얻을 수 있는 교훈은 첫째, 일단 핵을 보유한 이후는 핵개발 중인 단계보다 본질적으로 비핵화가 어렵다는 것이다. 둘째, 핵보유의 원인이었던 경쟁국가와의 체제경쟁과 적대관계가 온존하고 위신과 자존심 대결이 지속되는 경우 스스로 핵을 포기하는 것은 거의 불가능하다는 점이다.

북한 비핵화에 주는 함의:
성공요인의 결여와 실패요인의 강화

비핵화 성공요인으로 도출된 제재효과로 인해 핵포기의 기대가 예상되어야 한다는 점은 북한에게도 적용 가능하긴 하다. 핵실험과 미사일 발사로 유엔 안보리의 대북제재가 지속되고 있는 북한이기 때문에 핵을 포기함으로써 제재가 해제되고 경제가 정상화되는 유인조건을 기대할 수는 있을 것이다. 하노이 북미정상회담에서 김정은이 협상결렬을 감수하면서까지 2016년 이후 대북제재의 해제를 고집스럽게 요구했던 것은 역설적으로 대북제재가 북한을 아프게 하고 있다는 방증이다.

그러나 이것만으로 북한이 핵포기를 결심하기엔 미흡하다. 생존을 목적으로 핵무기를 확보한 북한이 죽을 지경이 아닌 이상은 제재 때문에 생존의 수단을 포기할 리 만무하다. 북한에게 경제적 동기는 협상의 유인은 되지만 타결요인으로는 약한 셈이다. 제재만으로 북한이 핵포기를 결심하려면 제재로 인해 북이 견디기 힘들 정도가 오랫동안 지속되어야 한다. 북한이 힘들어하는 광산물, 수산물, 노동력 수출과 석유제품 수입제한 등의 강력한 제재는 사실 2016년 이후 시작된 것이고 아직 장기간 시행되지 않은 것들이다. 여전히 중국과 북한의 혈맹관계는 직간접적인 대북 우회지원을 가능케 하고 있다.

또한 제재효과로 북이 핵포기를 통해 얻는 이익에 대한 기대가 작동해야 하는데 비핵화의 과정과 제재해제는 부분적·단계적으로 맞물릴 수밖에 없기 때문에 북이 선제적으로 단기간에 완전한 비핵화를 실천하기 전에는 단번에 전면해제를 통해 북한이 원하는 기대효과를 제공하기 어려운 게 현실이다. 하노이 북미정상회담에서도 북은 제네바합의와 9.19 공동성명에서 반복했던 영변핵시설의 폐기만으로 실질적인 제재해제를 요구함으로써 싼 물건에 지나치게 비싼 가격을 부른 셈이었고 결국 아무것도 얻지 못했다. 지금까지와 달리 북한이 과거핵까지의 전면적 일괄 핵폐기를 결단하지 않는 이상 제재해제로 인한 핵포기의 기대를 실현해내는 것은 불가능하다.

비핵화 성공요인인 국내적 정권교체나 정권의 성격변화는 북한에게 기대하기 가장 어려운 것이다. 북한은 자타가 공인하는 세계 유례없는 독재국가이자 인권탄압 국가이다. 북한이 스스로 정치적 변화나 정권교체 혹은 레짐의 성격변화를 시도하거나 결심할 리는 아직은 무망하다. 남아공의 경우처럼 본격적인 정권교체나 민주화는 아니더라도 적어도 우크라이나의 탈사회주의와 개혁개방 그것도 아니라면 리비아처럼 반정부세력의 저항과 카다피의 정치적 개혁 정도라도 북한에서 시도된다면 비핵화에 도움이 될 것이다.

정권교체가 아니고 탈사회주의도 아니고 최소한 북한이 비핵화에 기여하는 국내 정치적 변화가 이뤄지려면 1978년 중국의 4개 현대화 노선이나 1986년 베트남의 도이머이 정책이나 1985년 소련의 페레스트로이카 정도의 공개적이고 공식적이며 종합적인 개혁개방 노선을 천명해야 한다. 그러나 지금 북한의 핵포기를 입증하는 근거로는 김정은이 밝힌 '한반도의 완전한 비핵화'와 핵경제병진노선의 완료를 선언한 2018년 4월의 당중앙위결정서 외에 공식적이고 공개적인 북한 당국의 방침은 없다. 이 정도로 비핵화 결심이 가능한 정권교체나 정권의 성격변화를 기대하는 것은 과도하다.

비핵화 성공요인으로 핵기술의 취약성과 핵보유 이전 상황을 적용해보면 북한의 비핵화 가능성은 더 멀어진다. 북은 25여년의 노력과 집착 끝에 수많은 희생과 비용을 감수해가며 잇따른 제재와 고난의 행군을 겪어가면서 결국은 2017년 11월 국가 핵무력의 완성을 선언했다. 전쟁위기와 경제적 어려움 속에서도 대북 제재와 군사적 긴장고조를 뚫고 6차례의 핵실험과 잠수함발사탄도미사일과 대륙간탄도미사일의 시험발사를 성공시켰다. 이미 전략군사령부를 신설해서 핵미사일 부대를 운용하고 있다. 고집스럽고 억척스럽게 간난신고를 겪어가면서 확보한 핵과 미사일을 북한 스스로 포기하기엔 너무 멀리 온 셈이다.

우크라이나가 자신이 개발한 핵무기와 핵기술이 아니었기에 핵보유 이후에도 관리통제의 기술적 취약성 때문에 보다 쉽게 핵포기의 결단을 내릴 수 있었고, 리비아도 집요한 노력에도 불구하고 핵기술과 핵무기 보유가 불가능했기 때문에 제재의 아픔과 군사적 위협 앞에서 보다 쉽게 핵포기를 선택할 수 있었음을 비교해보면, 체제와 맞바꿀 정도의 집착과 고난으로 핵미사일을 확보한 북한으로서는 기존의 비핵화 모델에 비해 쉽사리 핵포기의 결정을 내리기는 어려울 것으로 보인다.

비핵화에 기여하는 조건으로 대외 안보환경의 변화를 거론할 수 있지만 남아공의 경우를 보면 남아공이 주도한 게 아니라 냉전종식으로 인해 주어진 안보환경의 변화가 비핵화 선택에 도움을 준 것이었다. 북한의 핵무장 명분은 시종일관 미국의 대북 적대정책이었고 따라서 북한의 안보위협 해소를 위해 평화체제 정착과 북미관계 정상화가 이뤄지면 핵을 포기한다는 것이었다. 그러나 북미 간 남북 간 안보환경은 상호적인 것이기 때문에 북한의 비핵화 상응조치 없이 한국과 미국의 노력만으로 안보환경의 변화가 조성되기는 어렵다. 결국 대외 안보환경의 변화는 북한도 비핵화를 동시적으로 병행해야 하고 이는 안보위협의 해소를 위해 북미 간 남북 간 상호조치가 교환되어야 한다는 점에서 북한의 비핵화가 완료되기 전에는 북한이 원하는 안보환경의 근본적 변화가 현실적으로 불가능하다.

기존 모델에서 도출된 비핵화 성공요인이 북한에 미흡할 뿐만 아니라 오히려 비핵화 실패요인을 북한이 강하게 보유하고 있다는 점에서 향후 북한의 비핵화 전망은 비관적일 수밖에 없다. 이미 북한은 핵무기를 보유한 상황이고 남북은 정치적 대결과 군사적 대치를 지속하고 있는 분단체제와 정전체제의 갈등관계이다. 체제경쟁과 통일주도권을 놓고 일방이 소멸할 때까지 대결관계를 계속해야 하는 남북분단의 상황에서 대한민국이 번영하고 한미동맹이 온존하는 한 북한이 생존의 수단인 핵무기를 스스로 내려놓는 일은 매우 힘들다. 파키스탄이 오직 인도와의 관계에서 핵개발과 핵무장의 길을 고집했듯이 북한 역시 사회주의 체제와 대남통일의 전략적 목표를 포기하지 않는 이상 대한민국과의 관계에서 핵무장의 고집을 포기하기 힘들다는 것이 파키스탄의 핵묵인 사례의 교훈이기 때문이다. 파키스탄의 경우처럼 북한에게도 핵무기가 국제적 위신과 자존심 그리고 국력의 상징으로 간주되는 상황에서 핵포기는 더더욱 힘들 수밖에 없다.

 기존 비핵화 모델의 핵포기 이후 경험적 상황에서 북한이 핵포기의 위험성을 더 절실하게 인식하고 있는 점도 북핵포기의 어려움을 가중시킨다. 성공한 비핵화 사례였던 우크라이나 모델이 결국은 러시아의 크림반도 침공과 친러시아 반군과의 내전으로 아직까지 정치적 혼돈을 겪고 있는 점은 핵을 포기한 이후 안보환경이 실제로 악화된 경험적 사례가 되고 있다. 제재와 군사적 위협인식으로 스스로 핵을 포기한 리비아의 경우도 결국은 내전 발발과 미국 주도의 연합군 개입으로 2011년 카다피가 사망하면서 핵포기가 권력의 소멸로 결과되었음을 북한은 인식하고 있다. 협상타결 이후 비핵화 모델과 핵묵인 모델의 경우 역설적이게도 파키스탄은 미국과의 관계정상화로 정치적 안정을 회복한 반면 핵포기 유형은 우크라이나와 리비아의 경우처럼 정치적으로 불안정해진 것을 알 수 있다. 이를 통해 북한은 묵인유형으로부터 핵능력이 높아야 미국이 핵보유국 지위를 인정하고 포기유형으로부터 핵포기는 안보위협이라는 의도치 않은 교훈을 얻게 되었을 것이다.

결국 비핵화 성공사례와 실패사례의 교훈을 북한에 적용하면, 우크라이나, 리비아, 남아공의 성공요인은 아직 북한에 턱없이 부족하고 반대로 파키스탄의 실패요인은 넘치고도 남음을 알 수 있다. 이미 핵보유를 선언하고 핵무장 국가가 된 북한은 수많은 아사자에도 불구하고 고도의 핵능력을 가진 세계 최고의 핵집착을 보이고 있고, 지속되는 제재가 아프긴 하지만 북중관계의 특수성으로 인해 죽지 않을 만큼의 제재면역 능력을 보유하고 있고, 아직 수령독재의 정치적 민주화가 본격화되지 않고 있다는 점에서 비핵화 성공의 요인은 여전히 요원함을 알 수 있다. 오히려 인도·파키스탄의 오랜 적대관계에 버금가는 남북한의 고질적 적대관계와 정전체제의 호전성은 어떤 희생에도 불구하고 핵포기를 포기하게 하는 북한 비핵화의 단단한 실패요인으로 작동하고 있는 것 또한 사실이다. 결론적으로 작금의 변화된 한반도 현실과 객관적으로 검증된 역사적 사례로 보면, 지금 시기 북핵문제의 평화적 해결은 사실상 불가능함을 인정할 수밖에 없다.

북핵문제(Nuclear Issue)에서 북한문제로(North Korean Question) : 남아공 모델

북핵문제와 관련한 새로운 해법은 이제 현실적으로 북핵문제가 아닌 북한문제의 틀에서 해결될 수밖에 없다는 자각이다. 장기화되고 일상화된 북핵문제를 보면서 단순히 북한의 핵포기 문제로만 접근해서는 사실상 해결이 쉽지 않다는 회의적 현실에서 비롯된 것이기도 하다. 즉 북핵폐기는 북한의 확고한 결심을 얻어내는 과정도, 미국과 합의를 이끌어내는 과정도, 설사 합의되었다 해도 복잡한 단계의 이행과정도 하나같이 어려운 고비들로 가득 차 있다. 얼마나 오랜 시간이 더 필요할지 모를 일이다.

따라서 북핵문제는 핵폐기 자체의 사안으로 해결되기보다는 오히려 위기가 지속되고 있는 북한체제의 근본적 변화 즉 북한문제의 일단락이라는 역사적 상황에 의해서만 말끔히 해결될 수 있다는 의견이 제시되는 이유이다. 불안정성과 유동성에 노출되어 있는 북한 체제가 결국 급변사태나 붕괴로 결과되면서 자연스럽게 핵문제가 해결되는 상황을 고려해야 한다는 것이다. 혹은 김정은 체제의 북한이 높은 수준의 체제전환과 정치민주화를 추진함으로써 북미관계 정상화가 이뤄지고 상호 적대관계가 해소되면서 북핵문제가 자연스럽게 해결되는 상황도 생각해볼 수 있다. 결국 북핵문제는 북핵문제 자체로서가 아니라 결국 북한문제의 근본적 해결에 의해서야 결론날 수 있다는 문제제기인 것이다.

이를 전제로 북핵문제는 근본적으로 변화된 현실에 맞게 새로운 접근을 요구하고 있다.

남북관계는 북한의 사실상 핵보유로 게임체인저가 되었고 북한은 핵무기를 지렛대로 대남 우위를 노리고 있다. 분단 이후 1970년대까지 북한 우위의 체제경쟁이 남북관계의 1라운드였다면 1990년대 사회주의 붕괴와 북한의 고난의 행군시기 한국의 승리가 확정되었을 때가 2라운드였다. 그러나 고난의 행군을 지나고 3대 세습을 완료한 김정은 체제는 핵무장 국가를 성공시키면서 남북 간 체제경쟁의 파이널 라운드를 대비하고 있다고 봐야 한다.

현실이 근본적으로 전환된 상황에서 과거 김대중 노무현 정부 시기 대북 포용정책의 동굴에만 갇혀서 화해협력의 남북관계만을 고대하고 이를 통해 북핵문제 해결이 가능하다고 믿고 있는 문재인 정부의 대북정책은 그래서 비현실적이다. 다시 신혼의 남북관계로 돌아갈 수 있다는 기대는 문재인 정부만의 착각이다. 최근의 대북 구애와 스토킹은 바로 그런 오판에서 비롯된 것이다.

북핵문제 역시 2017년 김정은의 국가 핵무력 완성 선언으로 사실상 게임체인저가 되었다. 이제 북한은 핵폭탄과 투발수단과 전략군이라는 실제 운용병력을 확보하고 있다. 독재국가의 핵무기를 제거하는 방법은 거칠게 군사적 옵션을 통한 강제탈취와 물샐틈없는 제재를 통한 스스로 내어놓기, 원하는 것을 교환하는 협상의 방식이 있지만 북핵문제는 군사적 옵션과 제재와 협상 모두 만능론이 통하지 않는다.

핵무기를 스스로 포기한 남아공의 사례는 백인정권에서 흑인정권으로의 교체라는 내부의 체제변화 때문에 가능했다. 전쟁도 제재도 협상도 아니라면 당장은 북핵상황의 전략적 관리에 치중하면서 이젠 장기적으로 북한의 체제변화를 도모해야 하지 않을까?

오히려 북핵문제의 현실적 해법은 남아공 모델이 적절해 보인다. 기존 핵포기 사례와 비핵화 실패 사례에서 교훈을 도출해보면 북한 핵문제는 핵을 보유할 수밖에 없는 독재정권 스스로의 성격변화에 의해서만 평화적 해결이 가능하다. 백인독재 정권에서 민주화 정권으로 전환되고 스스로 남아공이 보유하고 있던 핵무기를 해체하듯이, 북한도 체제변화에 의해 북한 레짐의 호전적·독재적 성격이 민주정권으로 전환되어야 핵문제가 근본적으로 종결될 수 있다. 평화체제와 대북제재 해제만으로 김정은이 스스로 핵무기를 포기할 거라고 믿는 문재인 정부의 주관적 기대와 선의에 기초한 감정적 접근은 결코 북핵문제를 해결하지 못한다.

북핵해법:

'시간이 우리 편'이라는 발상의 전환

북핵 위기가 정점을 치닫고 있다. 시간이 흐를수록 위기와 불안이 더해진다. 시간과 함께 핵능력이 고도화되고 핵물질은 증대되고 핵무기는 늘어나기 때문이다. 그러나 이젠 북핵문제를 보는 발상의 전환이 필요하다. 우리가 과도하게 불안해하면서 시간이 북한 편이라고 간주하는 순간, 북핵 위기는 해결 불가능해지고 위기는 더욱 심화될 뿐이다.

오히려 지금의 위기상황을 냉철히 직시하고 시간을 우리 편으로 만드는 차분함이 필요하다. 나아가 시간이 흐를수록 우리가 시간을 벌게 되는 지혜로운 대응이 요구된다.

시간이 북한 편이 아니라 우리 편이 되도록 하려면 우선 김정은이 핵무기를 사용하지 못하게 해야 한다. 핵무기를 가진 것은 맞지만 그가 실제로 핵무기를 사용할 수 없다면 무용지물이다. 핵무기는 최종의 무기이다. 확고한 억지력과 단호한 응징의지를 가지면 김정은은 핵무기를 감히 사용하지 못하게 되고 이는 곧 시간이 지나도 우리가 초조할 이유가 없게 된다.

김정은의 핵무기를 무용지물로 만들 수 있는 억지력은 사드를 비롯해서 한미 간 확장억제에 의한 확고부동한 한미동맹의 강화이다. 더불어 킬체인(Kill Chain)과 한국형미사일방어체계(KAMD), 대량응징보복작전(KMPR) 등 '3축' 체제도 김정은에게 억지력으로 작용할 것이다. 사실 김정은의 핵사용을 불가능하게 하는 가장 강력한 힘은 실제 상황에서 우리가 결코 김정은의 핵무기에 주눅 들지 않는다는 확고한 '사전적 억지(deterrence)'와 단호한 '사후적 응징의지(punishment will)'이다.

천안함 사태와 연평도 포격에서 확전이 두려워 주저했던 모습이나 전쟁반대만을 강조하며 평화에 집착하는 듯한 모습은 김정은에게 오판을 불러일으킬 수 있다. 군통수권자인 대통령은 '전쟁을 원치 않지만 전쟁을 결코 피하지 않는다'는 단호한 의지를 북한에 일관되게 발신해야 한다. 2017년 트럼프의 '화염과 분노' 발언과 김정은의 '괌 포위사격' 공언으로 전쟁위기가 최고조에 달했을 때 문재인 대통령이 8.15

경축사에서 '누구도 대한민국의 동의 없이 군사행동을 결정할 수 없다. 절대 전쟁을 막겠다'는 단호한 전쟁반대 입장은 대한민국 군통수권자로서 부적절한 것이었다. 전쟁을 원하지 않기 때문에 외교적 수단과 협상을 추구하지만 전쟁이 불가피하다면 결코 피하지 않겠다는 게 국가지도자의 올바른 입장이었다.

김정은이 미국을 협상장으로 끌어들이기 위해 한반도의 전쟁위기를 극한으로 고조시킨다 하더라도 우리는 좌고우면하지 말고 북의 도발에 대해 단호하고 당당하고 과감하게 대응하고 응징해야 한다. 한 치의 망설임도 주저함도 없어야 한다. 그래야 김정은의 핵사용을 막을 수 있다.

김정은이 핵무기를 감히 사용하지 못하는 상황에서 지속적이고 일관된 대북제재야말로 시간이 우리 편인 중요한 이유다. 제재는 시간이 흐를수록 북한을 옥죄게 된다. 북이 핵능력을 늘려가는 만큼 제재의 강도가 높아지면서 북한의 고통은 시간만큼 심해진다. 제재는 시간이 결코 북한 편이 아님을 입증하는 우리의 강력한 수단이다. 지금의 제재는 결코 무용지물이 아니다. 북한의 주 수출품인 광물자원과 농수산물과 섬유제품과 노동력 송출을 모두 차단하고 있다. 수출을 못 하면 북이 필요로 하는 물자를 수입할 대금이 마련되지 못한다. 북한으로 들어가는 원유마저 제한을 강화하고 있다. 트럼프가 '긴 석유줄(long gas line)'이라고 공언한 대로 평양에서 석유를 구하려고 장사진을 치는 현상이 곧 일어날지도 모른다.

협상 역시 시간을 우리 편으로 만드는 중요한 수단이다. 회담장에 나오지 않는 김정은에게 대화를 구걸할 필요는 없지만 그렇다고 대화의 문을 먼저 닫을 필요도 없다. 협상이 시작된다고 해서 실제로 북핵문제가 해결되는 것은 아니다. 오히려 협상은 우리가 북핵 상황을 잘 관리하기 위한 차원이고 협상과정이 진행되면서 우리는 시간을 벌 수 있게 된다.

김정은이 감히 핵무기를 사용할 수 없는 철저한 억지와 응징의지를 결연히 견지하면서 일관되고 꾸준히 제재를 지속하되 북이 대화에 나오면 응하면 된다. 조급해하지도 초조해하지도 말 일이다. 오히려 우리의 확고한 안보의지가 김정은의 핵무기 사용을 불가능하게 하고, 제재의 시간이 김정은을 고통스럽게 하고, 협상을 통해 상황관리와 시간벌기에 나서게 되고, 시간이 갈수록 북한 내부의 체제변화를 위한 정치동학이 확산된다면 지금의 북핵 위기는 우리가 불안할 일이 결코 아니다. 차분함과 냉정함으로 시간이 우리 편임을 믿고 우리 편이 되도록 만들면 되는 것이다. 시간벌기야말로 북핵 해법의 시작이다.

시간을 벌며 상황을 관리하면서 북핵해결을 위한 종합처방을 준비하면서 결국은 북한 내부의 정치적 변화를 통해 북한문제의 해결로서 북핵포기와 평화통일을 이뤄내는 것, 오히려 이것이 북핵해법과 평화적 흡수통일의 지름길이자 모범답안이다.

# 5

결론에
대신하여

모든 길은 '북한 변화'로 통한다

햇볕론자로 출발한 필자가 변절이라는 비난을 감수하고 대북정책의 전환을 고민하게 된 것은 철저히 객관적 현실의 변화 때문이었다. 김대중 정부 시기 햇볕정책의 성과를 기대했던 현실과 2022년 지금의 한반도 현실은 너무나도 판이하게 근본적으로 변화했다. 김대중 전 대통령이 지금 생존했다면 당연히 새로운 대북정책을 고민하고 모색했을 것이다.

핵개발 중인 김정일 정권이 아니라 핵무장을 완료한 김정은 정권으로 바뀐 엄연한 현실은 평화체제 마련으로 북이 비핵화할 것이라는 기존의 접근이 더 이상 작동하지 못하는 요인이 되었다. 북핵문제는 더 이상 협상을 통한 해결이 난망해진 상황이다.

핵보유 이후 중국과 미국 사이에서 안보를 선택적으로 챙기려는 김정은의 '선택적 병행 전략'은 북한이 무조건 대미 협상에 매달릴 거라는 기존의 전제조건이 맞지 않게 만들었다. 핵묵인의 파키스탄 모델로 북미협상이 진행되는 게 아니라면 김정은의 북한은 결코 미국에 안전보장과 북핵협상을 구걸하지 않게 되었다.

중국의 경제적 부상이라는 변화된 현실 역시 김정은으로 하여금 굳이 남북관계가 아니라도 중국으로부터 경제적 지원과 협력을 받을 수 있게 되었고 기존의 민족주의적 접근과 대남 경제적 의존은 이제 북한에게 그리 중요하지 않게 되었다.

북이 핵을 포기하고 미국과 안전보장을 위한 협상에 매달리고 남쪽과 경제적 지원을 위해 화해협력에 적극 나설 것이라는 김대중 정부 시기의 햇볕정책의 객관적 조건이 이제 본질적으로 바뀌게 된 것이다.

햇볕정책이 성공할 것이라는 조건들이 근본적으로 변화된 현실에서 이제 햇볕정책에서 기본적으로 가정했던 대북정책의 패러다임 역시 새롭게 전환될 수밖에 없다. 대북정책은 남북관계 개선과 화해협력 추진 그 자체에 매몰된 '일방적 포용'이 아니라 이제는 분단의 상대방이 체제변화에 나설 수 있는 전략적이고 구조적인 '대북 개입'을 고민해야 한다. 북한의 변화 없는 일방적 포용은 이제 그 수명이 다했다.

기능주의의 정당성과 이에 기초한 평화경제론도 개성공단

의 허무한 폐쇄에서 잘 드러나듯 상호 적대적이고 이질적인 한반도 분단체제에서는 점진적인 기능적 통합과정이 금과옥조가 아니었다. 기능주의적 협력을 도모하고 점진적 평화통일을 추진하지만 결국은 북한체제의 근본변화와 흡수통일로 귀결될 수밖에 없는 한반도적 특수성을 이젠 모두가 인정해야 한다.

평화공존을 거친 평화통일이 정답이긴 하지만 역사상 모든 통일은 본질적으로 일방의 소멸과 타방으로의 흡수임을 이젠 진보진영도 햇볕론자도 인정해야 한다. 공존은 과도기일 뿐 평화통일의 과정조차도 본질은 한쪽 체제의 소멸과 상대 체제로의 흡수일 수밖에 없음을 받아들여야 한다. 독일통일의 평화적 과정과 예멘통일의 폭력적 과정을 지켜보면서 통일이 재앙이 아닌 축복이 되려면 반드시 평화적 흡수통일이어야 함을 새삼 깨달아야 한다. 결국은 북한 체제의 민주화와 북한 주민의 자유로운 선택에 의해 남한으로의 흡수통일로 귀결되어도 그 과정은 철저히 평화적 방식이어야 하고 이는 곧 오랜 동안의 화해협력 과정과 북한 주민의 마음을 얻는 과정이 불가결함을 의미한다. 진보가 흡수통일을 수용하는 것처럼 보수 역시 화해협력의 필요성을 인정해야 한다.

김대중 노무현 시기의 남북관계가 마치 정답이고 해답인 양 무조건 그 시절을 그리워하고 그 추억에 집착한 게 바로 문재인 정부의 한계이자 실패원인이었다. 남북관계는 대북포용에도 대북강경에도 근본적으로 변화하지 않았고 신혼의 셀렘과 파경의 대결을 모두 겪는 과정이었다. 분단체제에서 남북관계는 본질적으로 힘의 우위와 열세의 딜레마에서 벗어나기 어렵다. 한쪽은 상대를 흡수(적화)하려 하고 다른 쪽은 기필코 흡수당하지 않으려 한다. 당연히 남북관계는 잘 되는 것보다 잘 안 되는 게 오히려 정상이었다.

이제 변화된 현실에서 남북관계는 김대중 노무현 정부로의 화려한 추억으로만 돌아가려는 기계적 복귀에서 벗어나야 한다. 신혼은 결코 두 번 오지 않는 것처럼 이제 남북관계는 신혼도 파경도 아닌 실리적인 중년부부처럼 지내야 한다. 민족주의의 이름으로 매달리지도 말고 북진통일의 구호로 때려잡으려 해서도 안 된다. 상대를 존중하면서 필요한 대화와 협력은 하되 불필요한 집착이나 주관적·자의적 기대로 접근하는 것은 자제해야 한다. 덤덤하고 실용적인 남북관계 중년부부론이 정답인 이유다.

평화체제론으로 비핵화가 가능하다는 문재인 정부의 '한

반도 평화' 프로세스는 핵보유 국가가 되어 버린 북한, 사회주의 일당독재를 고집하는 북한, 3대세습 수령체제를 지속하는 북한, 대남 적개심과 전쟁의지가 결코 완화되지 않는 북한인 한, 결과적으로 실패할 수밖에 없는 비현실적인 주관적 기대일 뿐이었다. 평화체제가 한반도 평화를 가져오는 게 아니라 이제는 북한의 근본적 변화가 한반도 평화를 보장하는 것이다. 평화체제론의 실패에서 벗어나 이제는 민주평화론의 대북전략으로 전환해야 할 때다.

햇볕정책 당시의 전제조건들이 모두 변화된 작금의 현실에서 이제 대북정책의 모든 길은 북한체제의 변화로 모아지고 귀결될 수밖에 없다. 대북 포용정책도 북한 변화를 이끌어내야 성공이고, 비핵화도 남아공 모델처럼 북한 민주화에 의해 오히려 근본적 해결이 가능하고, 한반도 평화체제도 북한이 적대성과 호전성을 버리고 변화해야만 안정적·항구적 평화가 가능하고, 평화적 흡수통일 역시 북한의 근본변화를 전제로 하는 것이다. 변화된 현실에서 새로운 대북정책의 모색은 결국 '북한 변화'라는 하나의 길로 통하게 되어 있다.

북한 변화는 가능한가?

그럼 북한 변화는 과연 가능한가? 가능할 뿐 아니라 멀지 않은 시기에 다가온다. 북한 변화의 시작이 바로 역동적 통일과정의 시작이고 평화적 흡수통일의 시작이 될 것이다. 그리고 북한 변화의 씨앗은 이미 만들어지고 있다.

사회주의 체제전환의 필요조건들이 북한에 형성되고 마련되고 있다. 경제호전 이후 위기상황으로 주민들의 불만과 고통이 가중되고 있다. 독재국가의 민주화 과정은 대부분 경제성장 이후 급격한 경제침체에서 비롯된다. 한국의 민주화도, 동유럽 민주화도, 중동의 민주화도 마찬가지였다. 2010년대 이후 시장확대와 북중협력으로 북한경제가 호전되었다가 2015년 대북제재 강화와 최근 코로나로 북한경제는 최악을 맞고 있다. 먹고살만 했던 북한 주민들의 상대적 박탈감과 불만은 최고조에 달하고 있다.

정치적 불만과 권력집단 내부의 균열 역시 김정은 시대 들어 가속화되고 있다. 장성택 처형에서 드러나듯 파워블록 안에서의 갈등과 이권다툼이 심화되고 있다. 정치권력과 결탁한 시장권력이 성장하면서 이제 노동당은 시장세력과 일정하게 공존해야 한다. 무역할당을 의미하는 이른바 '와크'의 분할과 독점으로 정치권력과 시장권력은 각각의 이권을 위해 결탁하게 되었고 시장이라는 물질적 토대가 확대되면서 정치권력 간 갈등은 구조화될 수밖에 없다. 결과적으로 북한 권력 집단 내부의 균열과 갈등이 점차 확대되고 보수파와 개혁파, 강경파와 온건파의 정치갈등이 커질 수밖에 없다. 권력 엘리트 내부의 갈등과 균열은 정치변동의 필수조건이다.

사회주의 체제전환의 마지막 필요조건인 외부적 요인 역시 미중 패권경쟁의 심화로 마지막 종착점이 서서히 다가오고 있다. 중동발 자스민 혁명의 바람이 북한에 불 수 없었던 것도 중국의 만리장성에 가로막혀서였다. 동구권의 민주화는 소련의 해체와 민주화라는 대외적 요인이 결정적이었다. 이제 퇴로가 없는 미중 패권경쟁 시대의 결말이 서서히 다가오고 있다. 미중 사이에서 어정쩡한 눈치보기에 머물지 말고 다가오는 동북아 격변의 시대를 미리 전망하고 구조적 전환에 대비하는 전략적 선택을 준비해야 한다.

19세기 격변하는 세계질서 속에서 식민지로 전락한 조선의 운명을 반복해서는 안 된다. 동북아 질서의 대격변과 함께 북한 변화의 결정적 시기가 도래하고 있다. 외교안보적 선택이 대한민국의 운명을 좌우하는 시기가 오고 있다. 역사의 결정적 국면을 어떻게 맞이하느냐가 결국 나라의 미래를 결정하게 된다. 북한의 체제변화와 함께 역동적 통일과정과 평화적 흡수통일의 계기가 도래하고 있는 지금, 청와대의 대통령이 중요하고 여의도 정치세력이 중요하고 올바른 대북정책이 중요한 이유가 바로 여기에 있다.